Was ist eigentlich …?

Reihe herausgegeben von
T. Strobach, Hamburg, Deutschland

Die Buchreihe „Was ist eigentlich …?" möchte den Leserinnen und Lesern einen ersten Einblick in die verschiedenen Disziplinen der Psychologie geben. Die Einteilung der Bände dieser Reihe orientiert sich dabei an den typischen Psychologiemodulen an deutschen Universitäten. Deshalb eignen sich die kompakten Bücher vor allem für Psychologiestudierende am Beginn des Studiums. Sie bieten aber auch für alle anderen, generell an psychologischen Themen Interessierten einen ersten, gut verständlichen Einblick in die psychologischen Disziplinen: Jeder Band stellt den Kern einer dieser Disziplinen vor. Des Weiteren werden prominente Fragestellungen und Diskurse der Vergangenheit und der Gegenwart vorgestellt. Außerdem wird ein Blick in die Zukunft und auf offene Fragen gerichtet.

Weitere Bände in der Reihe http://www.springer.com/series/15934

Jutta Kray

Entwicklungspsychologie

Ein Überblick für
Psychologiestudierende
und -interessierte

Jutta Kray
Fachrichtung Psychologie
Universität des Saarlandes
Saarbrücken, Deutschland

ISSN 2523-8744 ISSN 2523-8752 (electronic)
Was ist eigentlich …?
ISBN 978-3-662-57760-8 ISBN 978-3-662-57761-5 (eBook)
https://doi.org/10.1007/978-3-662-57761-5

Die Deutsche Nationalbibliothek verzeichnet diese Publikation in der Deutschen Nationalbibliografie; detaillierte bibliografische Daten sind im Internet über http://dnb.d-nb.de abrufbar.

© Springer-Verlag GmbH Deutschland, ein Teil von Springer Nature 2019
Das Werk einschließlich aller seiner Teile ist urheberrechtlich geschützt. Jede Verwertung, die nicht ausdrücklich vom Urheberrechtsgesetz zugelassen ist, bedarf der vorherigen Zustimmung des Verlags. Das gilt insbesondere für Vervielfältigungen, Bearbeitungen, Übersetzungen, Mikroverfilmungen und die Einspeicherung und Verarbeitung in elektronischen Systemen.
Die Wiedergabe von Gebrauchsnamen, Handelsnamen, Warenbezeichnungen usw. in diesem Werk berechtigt auch ohne besondere Kennzeichnung nicht zu der Annahme, dass solche Namen im Sinne der Warenzeichen- und Markenschutz-Gesetzgebung als frei zu betrachten wären und daher von jedermann benutzt werden dürften.
Der Verlag, die Autoren und die Herausgeber gehen davon aus, dass die Angaben und Informationen in diesem Werk zum Zeitpunkt der Veröffentlichung vollständig und korrekt sind. Weder der Verlag noch die Autoren oder die Herausgeber übernehmen, ausdrücklich oder implizit, Gewähr für den Inhalt des Werkes, etwaige Fehler oder Äußerungen. Der Verlag bleibt im Hinblick auf geografische Zuordnungen und Gebietsbezeichnungen in veröffentlichten Karten und Institutionsadressen neutral.

Umschlaggestaltung: deblik Berlin

Springer ist ein Imprint der eingetragenen Gesellschaft Springer-Verlag GmbH, DE und ist ein Teil von Springer Nature
Die Anschrift der Gesellschaft ist: Heidelberger Platz 3, 14197 Berlin, Germany

Vorwort

„Was ist eigentlich Entwicklungspsychologie?" Dieses Buch liefert eine leicht verständliche Einführung in den zentralen Gegenstandsbereich der Entwicklungspsychologie, der sich mit Veränderungen im Verhalten und Erleben von Individuen über die Lebensspanne befasst. Zentrale Fragestellungen, wie über welchen Zeitraum die Entwicklung eines Menschen eigentlich betrachtet werden sollte, wann sie beginnt und endet, werden nachvollziehbarer, wenn sie vor dem Hintergrund gesellschaftlicher Veränderungen und im geschichtlichem Kontext betrachtet werden. Auch ob Entwicklungsprozesse eher durch Erbanlagen oder Umwelterfahrungen ausgelöst und determiniert werden, wurde von Entwicklungsforschern in der Vergangenheit ganz unterschiedlich akzentuiert. Die Suche nach solchen Ursachen von Entwicklungsveränderungen hat im Laufe des letzten Jahrhunderts ganz unterschiedliche Entwicklungstheorien hervorgebracht. Dieses Buch bietet hier einen allerersten Einblick in zentrale Themen und Theorien der Entwicklungspsychologie und unterschiedliche Vorstellungen, durch welche Faktoren Entwicklungsprozesse beeinflusst werden. Der Leser erhält einen kurzen Überblick über die lebenslange Entwicklung in körperlichen, kognitiven und emotionalen Funktionsbereichen sowie über die zentralen Methoden, mit der die Entwicklungspsychologie Veränderungen in diesen Funktionsbereichen bereits im Säuglingsalter erfassen kann, mit Hinweisen auf weiterführende und vertiefende Literatur.

Dieses Buch *Was ist eigentlich Entwicklungspsychologie?* sollte wie alle Bücher der Reihe *Was ist eigentlich ...?* auch ohne einschlägiges psychologisches Vorwissen verständlich sein. Es richtet sich speziell an Studierende, die am Beginn des Studiums stehen, um ihnen einen Einblick in das Fach

„Entwicklungspsychologie" zu vermitteln. Darüber hinaus richtet sich das Buch generell an alle Psychologieinteressierte, und ich hoffe, die kurze Frage „Was ist eigentlich Entwicklungspsychologie?" möglichst zufriedenstellend zu beantworten.

Saarbrücken Jutta Kray
im Juni 2018

Lernmaterialien zur Entwicklungspsychologie im Internet – www.lehrbuch-psychologie.springer.com

- Karteikarten: Überprüfen Sie Ihr Wissen
- Glossar mit zahlreichen Fachbegriffen
- Zusammenfassungen der Kapitel
- Verständnisfragen & Antworten zur Prüfungsvorbereitung
- Foliensätze sowie Tabellen und Abbildungen für Dozentinnen und Dozenten zum Download

- Hörbeiträge kostenlos zum Download
- Lehr-Videos: Informativ und unterhaltsam
- Karteikarten, Kontrollfragen und Antworten
- Glossar mit über 250 Fachbegriffen
- Dozentenmaterialien: Foliensätze, Abbildungen und Tabellen

- Verständnisfragen und Antworten: Üben Sie für die Prüfung
- Karteikarten: Prüfen Sie Ihr Wissen
- Schnelles Nachschlagen: Glossar
- Kapitelzusammenfassungen
- Foliensätze sowie Tabellen und Abbildungen für Dozentinnen und Dozenten zum Download

- Kapitelzusammenfassungen
- Karteikarten: Überprüfen Sie Ihr Wissen
- Glossar mit über 400 Fachbegriffen
- Leseprobe
- Dozentenmaterialien: Abbildungen und Tabellen

- Kapitelzusammenfassungen
- Verständnisfragen und Antworten
- Glossar mit über 600 Fachbegriffen
- Karteikarten
- Dozentenmaterialien: Foliensätze, Abbildungen und Tabellen

- Glossar mit zahlreichen Fachbegriffen
- Karteikarten: Prüfen Sie Ihr Wissen
- Kapitelzusammenfassungen
- Leseprobe

Einfach lesen, hören, lernen im Web – ganz ohne Registrierung!
Fragen? lehrbuch-psychologie@springer.com

Inhaltsverzeichnis

1 Gegenstand und Debatten in der Entwicklungspsychologie......... 1
   1.1   Aufgaben und Gegenstandsbereich 1
   1.2   Zentrale Debatten der Entwicklungspsychologie in der
         Vergangenheit. 2
         1.2.1   Wann ist die Entwicklung eines Individuums beendet?..... 3
         1.2.2   Verläuft die Entwicklung kontinuierlich oder diskontinuierlich? 8

2 Die Suche nach den Ursachen von Entwicklungsveränderungen 15
   2.1   Sind Anlage- oder Umwelteinflüsse entscheidender für die
         Entwicklung? 15
   2.2   Konzeptionen und Theorien............................... 17
         2.2.1   Entwicklung als Reifung 17
         2.2.2   Entwicklung als Folge von Erfahrungen 18
         2.2.3   Entwicklung als Sozialisation 20
         2.2.4   Einflussreiche Theorien in der Entwicklungspsychologie... 21

3 Aktuelle Themen in der Entwicklungspsychologie 25
   3.1   Alternsforschung 25
   3.2   Interkulturelle Forschung................................. 28
   3.3   Kognitive Entwicklungsneurowissenschaften 29

4 Methoden der Entwicklungspsychologie 31
   4.1   Datenerhebungsmethoden im Säuglings- und Kleinkindalter 31
         4.1.1   Standardisierte Beobachtungsverfahren................ 32
         4.1.2   Präferenzverfahren................................ 32
         4.1.3   Habituationsverfahren 33
         4.1.4   Erwartungs- und Erwartungsverletzungsverfahren 34
         4.1.5   Verzögerte Nachahmungsverfahren.................... 35

4.2	Forschungsdesigns		35
	4.2.1	Querschnittliche Designs	35
	4.2.2	Längsschnittliche Designs	36
	4.2.3	Kombinierte Designs	37
4.3	Entwicklungspsychologische Methoden in der Praxis		38
	4.3.1	Allgemeine Entwicklungstests	39
	4.3.2	Spezifische Entwicklungstests	40

Literatur 43

Gegenstand und Debatten in der Entwicklungspsychologie

1

In dem folgenden Kapitel sollen zunächst die Aufgaben und der Gegenstandsbereich der Entwicklungspsychologie als eigenständige Teildisziplin in der Psychologie betrachtet werden. Vor dem Hintergrund der geschichtlichen Entwicklung des Faches und gesellschaftlicher Veränderungen im letzten Jahrhundert werden dann grundlegende Debatten in der Entwicklungspsychologie besprochen. Diese betreffen zum einen die Frage, in welchem Zeitraum die Entwicklung eines Individuums betrachtet werden sollte, und zum anderen die Frage, wie Entwicklungsverläufe von Individuen am besten beschrieben werden können.

1.1 Aufgaben und Gegenstandsbereich

▶ **Definition** Die **Entwicklungspsychologie** beschäftigt sich mit längerfristigen Veränderungen im Verhalten und Erleben innerhalb von Individuen und versucht, Gemeinsamkeiten und Unterschiede in individuellen Entwicklungsverläufen zu verstehen.

Mit Entwicklung ist eine relativ überdauernde Veränderung im Verhalten und Erleben von Individuen gemeint wie eine Verbesserung intellektueller Fähigkeiten in der Kindheit oder ein besseres Gedächtnis an positiv gefärbte Emotionen im höheren Alter. Kurzfristige Veränderungen der emotionalen Befindlichkeit wie schlechte Laune bei Regenwetter oder Einschränkungen in der körperlichen Beweglichkeit nach einem Unfall werden nicht als Folge von Entwicklungsveränderungen gesehen. Demnach werden Entwicklungsveränderungen immer in

Relation zu dem vorherigen Entwicklungszustand eines Individuums betrachtet, also in Zusammenhang gesetzt.

Zentraler Gegenstand der Entwicklungspsychologie ist die Beschreibung, Erklärung und Vorhersage von intraindividuellen Veränderungen, d. h. von Veränderungen, die innerhalb eines Individuums stattfinden und beobachtet werden können. Zudem möchten Entwicklungspsychologen verstehen, ob und warum sich verschiedene Individuen in ihren intraindividuellen Entwicklungsverläufen unterscheiden. Dies ermöglicht die Identifikation von Einflussfaktoren und Bedingungen, unter denen die Entwicklung eines Individuums entweder sehr positiv oder sehr negativ verlaufen kann. Beispielsweise ist der weitere schulische Erfolg von Kindern von ihrer Entwicklung in basalen kognitiven Fähigkeiten wie der Informationsverarbeitungsgeschwindigkeit, selektiven Aufmerksamkeit und der Gedächtnisfähigkeit abhängig. Liegen hier Defizite vor, können diese Fähigkeiten möglicherweise durch geeignete kognitive Trainingsprogramme verbessert werden, damit diese Kinder weiterhin erfolgreich schulische Leistungen erbringen können. Somit kann die grundlagenorientierte Entwicklungspsychologie wichtige Hinweise von praktischem Nutzen liefern, um das Entwicklungspotenzial einzelner Personen optimal ausschöpfen zu können.

In der anwendungsorientierten Entwicklungspsychologie wird das Verständnis allgemeiner Gesetzmäßigkeiten von Entwicklungsveränderungen dazu genutzt, um Aussagen über das einzelne Individuum treffen zu können. Dazu gehören als zentrale Aufgabe die Bestimmung des Entwicklungsstandes eines Individuums mittels entwicklungsdiagnostischer Verfahren sowie eine Prognose der zukünftigen Entwicklung und die Beratung von Angehörigen über mögliche Interventionsmaßnahmen, die die zukünftige Entwicklung positiv beeinflussen können.

1.2 Zentrale Debatten der Entwicklungspsychologie in der Vergangenheit

Die Psychologie im Allgemeinen und die Entwicklungspsychologie im Besonderen sind historisch betrachtet noch sehr junge wissenschaftliche Disziplinen, die erst Ende des 19. Jahrhunderts und Anfang des 20. Jahrhunderts etabliert wurden. In der jungen Historie der Entwicklungspsychologie haben sich die Forscher zunächst zu Beginn des Jahrhunderts überwiegend mit der kindlichen Entwicklung beschäftigt. Erst einige Jahrzehnte später, seit den 1960er- und 1970er-Jahren, wurde die Entwicklung im mittleren und höheren Erwachsenenalter stärker betrachtet. Demnach hat sich die Sichtweise, über welchen Zeitraum die Entwicklungsveränderungen eines Individuums betrachtet werden sollten und wann die Entwicklung als abgeschlossen betrachtet werden kann, im Laufe des letzten Jahrhunderts deutlich geändert. Diese veränderte Sichtweise wird in Abschn. 1.2.1 dargestellt.

Nicht nur die zeitliche Betrachtung von Entwicklung unterscheidet sich zwischen Entwicklungspsychologen, sondern auch, wie der Verlauf der Entwicklung am besten beschrieben werden kann – kontinuierlich oder diskontinuierlich. Auf diese Debatte wird in Abschn. 1.2.2 eingegangen.

1.2.1 Wann ist die Entwicklung eines Individuums beendet?

In welchem Zeitraum des Lebens findet die Entwicklung eines Individuums überwiegend statt? Wann ist die Entwicklung abgeschlossen? Die entwicklungspsychologische Perspektive auf die Beantwortung dieser Fragen hat sich im letzten Jahrhundert stark geändert und sollte daher im geschichtlichen Kontext und vor dem Hintergrund des demografischen Wandels betrachtet werden.

In der mittelalterlichen Vorstellung war die Entwicklung von Kindern im Alter von etwa 7 Jahren abgeschlossen, und sie wurden von da an wie kleine Erwachsene behandelt. Es wurde erwartet, dass Kinder ab diesem Alter an der Arbeitswelt der Erwachsenen partizipierten. Erst zur Zeit der Aufklärung wurde von den Philosophen John Locke (1632–1704) und Jean-Jacques Rousseau (1712–1778) die Phase der Kindheit als ein Zeitraum betrachtet, dem besondere Beachtung geschenkt werden müsse. John Locke war der Ansicht, dass Kinder als eine „tabula rasa", also als ein unbeschriebenes Blatt auf die Welt kommen. Daher sollten sich frühe Umwelterfahrungen entscheidend auf die weitere Entwicklung von Kindern auswirken können. Seiner Meinung nach kommt somit der Erziehung durch die Gesellschaft eine zentrale Bedeutung zu.

Später begannen der Biologe Charles Darwin (1809–1882) und der Physiologe William Preyer (1841–1897) mittels Tagebuchaufzeichnungen und Beobachtungen die Entwicklung ihrer eigenen Kinder in den ersten Lebensjahren zu dokumentieren. Diese Methode lieferte erste Hinweise auf die sensorische, intellektuelle und emotionale Entwicklung von Kindern. Charles Darwin kam in seinen Untersuchungen zu der Entdeckung, dass die frühe pränatale Entwicklung bei sehr vielen Arten ähnlich abläuft und die frühe menschliche Entwicklung demselben Plan folgt wie die Evolution der menschlichen Art. Mit diesen Beobachtungen und Thesen stärkte er das wissenschaftliche Interesse an Studien zur Entwicklung von Kindern (vgl. Siegler et al. 2016).

Die normative Epoche wurde durch die ersten wissenschaftlichen Studien zur kindlichen Entwicklung von dem amerikanischen Psychologen G. Stanley Hall (1844–1924) eingeläutet. Er und sein Schüler Arnold Gesell (1880–1961) untersuchten systematisch die Entwicklung größerer Gruppen von Kindern und Jugendlichen, auch in Abhängigkeit anderer individueller Unterschiedsvariablen wie dem Geschlecht und dem gesellschaftlichen Status (Hall 1916).

▶ **Definition** Der **normative Ansatz** zielt auf eine repräsentative Beschreibung von Entwicklungsverläufen ab, indem Beobachtungen des Verhaltens einer großen Anzahl Menschen zugrunde gelegt werden.

Der französische Psychologe Alfred Binet (1857–1911) verwendete zunächst auch Tagebuchaufzeichnungen über die Entwicklung seiner Töchter als Methode. Er stellte bei der Dokumentation eine erstaunliche Unterschiedlichkeit in der intellektuellen Entwicklung beider Töchter fest. Später wählte er jedoch wie Hall einen normativen Ansatz, um auf Wunsch der Schuldirektoren in Paris Kinder mit Lernschwierigkeiten identifizieren zu können. Gemeinsam mit seinem Mitarbeiter Theodore Simon entwickelte er den ersten Intelligenztest, der später in die englische Sprache übersetzt wurde (die „Stanford-Binet Intelligence Scale"; Binet und Simon 1916). An der Universität Wien untersuchte später Charlotte Bühler (1893–1974), auch basierend auf Tagebuchaufzeichnungen, die Entwicklung von Kindern in verschiedenen Funktionsbereichen. Gemeinsam mit Hildegard Hetzer erstellte sie erste Normen, welche Aufgaben Kinder in der frühen Kindheit in einem bestimmten Lebensmonat üblicherweise lösen können sollten (Bühler und Hetzer 1932) und legte somit den Grundstein für die Entwicklung erster entwicklungsdiagnostischer Verfahren.

Charlotte Bühler
Charlotte Bühler (Abb. 1.1) hat mit ihren Forschungsarbeiten zentrale Bausteine für die Entwicklungspsychologie und Entwicklungsdiagnostik geliefert, indem sie als eine der ersten Wissenschaftlerinnen systematisch standardisierte Beobachtungen an Kindern und Jugendlichen durchgeführt hat, um so die Entwicklungsverläufe in unterschiedlichen Funktionsbereichen beschreiben zu können. Sie wurde am 20.12.1893 in Berlin geboren und wuchs in einem jüdischen großbürgerlichen Milieu auf. Sie studierte Psychologie in Freiburg, Kiel und Berlin und interessierte sich vor allem für die Arbeiten von Oskar Külpe zum Ablauf von Denkvorgängen. Im Jahr 1915 lernte sie Karl Bühler in München kennen und heiratete ihn ein

1.2 Zentrale Debatten der Entwicklungspsychologie in der Vergangenheit

Jahr später. 1917 wurde ihr erstes Kind Ingeborg geboren. Sie promovierte 1918 in München mit der Dissertationsschrift „Über Denkprozesse". Im Jahr 1919 wurde ihr zweites Kind Rolf Dietrich geboren (vgl. Bühring 2011).

Charlotte Bühler beschäftigte sich in ihrer Habilitationsarbeit mit der „Entdeckung und Erfindung in Literatur und Kunst" und erhielt 1922 eine erste Privatdozentur in Sachsen. Ab 1923 arbeiteten Karl und Charlotte Bühler an der Universität Wien. Gemeinsam mit Hildegard Hetzer führte sie in Wien zahlreiche entwicklungspsychologische Forschungsstudien durch, die die Entwicklungsstufen, Biografien und Lebensziele von Kindern und Jugendlichen dokumentierten. 1936 wurde das Kinderpsychologische Institut an der Universität Wien eröffnet. Nach dem Einmarsch der Nationalsozialisten 1938 nach Österreich gelang Karl und Charlotte Bühler die Flucht nach Norwegen, dann emigrierten sie 1940 in die USA. Erst spät nach dem Tod ihres Mannes, im Jahr 1963 kehrte Charlotte Bühler nach Deutschland zurück und übersiedelte 1970 nach Stuttgart, wo sie am 3.2.1974 starb (vgl. Bühring 2011).

Ihre frühen Forschungsarbeiten gelten als Meilensteine der entwicklungspsychologischen Forschung, in der sie mittels standardisierter Beobachtung die Entwicklungsverläufe von Kindern und Jugendlichen beschrieb. In dieser Zeit erschienen beispielsweise Werke wie *Das Seelenleben des Jugendlichen: Versuch einer Analyse und Theorie der psychischen Pubertät* (1922) und *Kindheit und Jugend: Genese des Bewußtseins* (1928).

Die entwicklungspsychologische Forschung fokussierte bis zu den 1970er-Jahren auf die Beschreibung der Entwicklung in der frühen und mittleren Kindheit und erkannte als Ursache vielfältige Faktoren, die miteinander interagieren und so zu Entwicklungsveränderungen beitragen. Aufgrund der Komplexität von Entwicklungsveränderungen haben sich heutige Entwicklungspsychologen häufig auf die Erforschung der Entwicklung in spezifischen Funktionsbereichen und/ oder Altersbereichen beschränkt und arbeiten mit Forschern anderer Disziplinen wie der Medizin, Biologie, den Sprachwissenschaften und der Anthropologie zusammen. Demnach hat im Laufe der Geschichte der Entwicklungspsychologie die interdisziplinäre Forschung eine zunehmend zentralere Bedeutung gewonnen.

Ab den 1970er-Jahren haben sich entwicklungspsychologische Forscher verstärkt der Untersuchung der gesamten Ontogenese zugewendet. In Deutschland hat vor allem das Forscherteam um Paul B. Baltes am Max-Planck-Institut für

Abb. 1.1 Charlotte Bühler. (© Archiv Setzer-Tschiedel/IMAGNO/picture alliance)

Bildungsforschung in Berlin zu dieser Zeit hervorgehoben, dass Entwicklung nicht nur im Kindes- und Jugendalter stattfindet, sondern in allen Phasen des Lebens bis ins sehr hohe Alter (Baltes 1987; Baltes und Baltes 1990), und umfangreiche Forschungsarbeiten zur Entwicklung über die Lebensspanne vorgelegt (für einen Überblick siehe Baltes et al. 2006).

▶ **Definition** Mit dem Begriff der **Ontogenese** ist die Entwicklung von Individuen von der Konzeption bis zum Tod gemeint. Somit werden Veränderungen über die gesamte Lebensspanne betrachtet.

Vertreter des Lebensspannenansatzes betonen, dass keine Altersstufe einen bevorzugten Rang in ihrer Wichtigkeit auf nachfolgende Lebensphasen hat, sondern dass in jeder Phase Ereignisse und Prozesse zu Entwicklungsgewinnen und -verlusten führen können. Weitere zentrale Leitlinien des Lebensspannenansatzes sind in Tab. 1.1 dargestellt.

1.2 Zentrale Debatten der Entwicklungspsychologie in der Vergangenheit

Tab. 1.1 Leitsätze der Psychologie der Lebensspanne (mod. nach Baltes 1990)

Konzept	Theoretische Annahmen
Lebenslange Entwicklung	Die ontogenetische Entwicklung umfasst die gesamte Lebensspanne von der Konzeption bis zum Tod. Keine Altersstufe nimmt eine Vorrangstellung in der Regulierung von Entwicklungsprozessen ein, und es finden sowohl kontinuierliche als auch diskontinuierliche Prozesse (Abschn. 1.2.2) in allen Phasen des Lebens statt
Multidimensionalität/Multidirektionalität	Unterschiedliche Funktionsbereiche (z. B. Kognition und Emotion) können in ihrem Entwicklungsverlauf stark variieren. Auch innerhalb eines Funktionsbereiches wie der Intelligenz kann sich die Richtung von Entwicklungsverläufen unterscheiden. Beispielsweise nimmt die fluide Intelligenz im höheren Lebensalter ab, während die kristalline Intelligenz relativ stabil bleibt
Dynamik von Gewinnen und Verlusten	Entwicklung ist nicht gleichzusetzen mit einem Zugewinn an Kapazität oder Effizienz, sondern in jedem Lebensalter finden sich Gewinne und Verluste. Beispielsweise verbessern sich die sensorische Wahrnehmung und das Gedächtnis im Säuglingsalter, während viele Neugeborenenreflexe verschwinden
Plastizität und deren Grenzen	Die Entwicklung von Individuen ist durch eine hohe intraindividuelle Plastizität (Veränderbarkeit innerhalb einer Person) gekennzeichnet. Diese wird durch günstige oder ungünstige Lebensbedingungen und Erfahrungen bedingt. Ziel sollte es sein, in jeder Phase nach optimalen Bedingungen zur Steigerung der Plastizität zu suchen sowie die Grenzen der Plastizität zu bestimmen
Kontextualismus	Die intraindividuelle Entwicklung ist das Resultat einer Wechselwirkung zwischen drei Systemen von Entwicklungseinflüssen: altersbedingten (z. B. biologischen Faktoren), historisch bedingten (z. B. Kriege, Wirtschaftswunder, Terrorgefahr) und nicht normativen (z. B. ein Lottogewinn, Unfall, Arbeitslosigkeit, Tod eines Verwandten)

(Fortsetzung)

Tab. 1.1 (Fortsetzung)

Konzept	Theoretische Annahmen
Kulturelle Einbettung	Die ontogenetische Entwicklung variiert mit den kulturellen Erfahrungskontexten. Beispielsweise hängen die perzeptive Wahrnehmung bzw. der Wahrnehmungsstil (analytisch oder ganzheitlich) davon ab, in welchem Kulturkreis (westlich oder östlich) man aufgewachsen ist (Abschn. 3.2)
Interdisziplinarität	Die Entwicklung von Individuen sollte multidisziplinär erforscht werden, unter Einbezug anderer Fachdisziplinen, die sich mit der menschlichen Entwicklung beschäftigen (z. B. Anthropologie, Biologie, Soziologie)

Die Entwicklung über die Lebensspanne wird in verschiedene Lebensphasen eingeteilt. Die zentralen körperlichen, kognitiven und sozial-emotionalen Veränderungen in jeder Lebensphase sind in Tab. 1.2 zusammengefasst. Auch wenn heutige Entwicklungspsychologen die Sichtweise der Psychologie der Lebensspanne und deren zentrale theoretische Annahmen teilen, untersuchen nur wenige Forscherteams die Entwicklung über die gesamte Lebensspanne. Viele Entwicklungspsychologen konzentrieren ihre Forschung nach wie vor überwiegend auf die Entwicklung im Säuglingsalter oder auf eine andere Lebensphase. Dies liegt u. a. daran, dass beispielsweise im Säuglingsalter ganz unterschiedliche Methoden zur Datengewinnung über Veränderungen des kognitiven und sozialen Bereiches angewendet werden müssen als in allen anderen Lebensphasen (Abschn. 4.1).

1.2.2 Verläuft die Entwicklung kontinuierlich oder diskontinuierlich?

Eine weitere zentrale Debatte in der Entwicklungspsychologie beschäftigt sich mit der Frage, wie die Entwicklung in unterschiedlichen Lebensabschnitten am besten beschrieben werden kann. In dieser Kontroverse gibt es zwei unterschiedliche Positionen (vgl. auch Montada et al. 2018).

Eine Gruppe von Forschern vertritt dabei die Auffassung, dass die Entwicklung **kontinuierlich** verläuft und sich mit der Zeit nur quantitative Veränderungen zeigen. Das bedeutet, dass Kinder wie Erwachsene auf ähnliche Weise auf

Tab. 1.2 Körperliche, kognitive und sozial-emotionale Entwicklung über die Lebensspanne

Altersabschnitt	Entwicklung in verschiedenen Funktionsbereichen
Pränatal (Konzeption bis Geburt)	Die befruchtete Eizelle wächst in ca. 38 Wochen zu einem Fetus heran, der außerhalb der Gebärmutter überlebensfähig ist. Negative Umwelteinflüsse (z. B. Alkohol, Drogen, Stress) können zu jedem Zeitpunkt in der pränatalen Phase die Entwicklung des Organismus schädigen. Ebenso können Komplikationen während der Geburt (z. B. Sauerstoffmangel) negative Auswirkungen auf die weitere körperliche und kognitive Entwicklung haben
Säuglings- und Kleinkindalter (0–2 Jahre)	Im körperlichen Bereich zeigt sich eine Zunahme des Körperwachstums um 75 % der Geburtsgröße. Zudem zeigt sich ein rascher Fortschritt in der Entwicklung der Grobmotorik (z. B. Laufen lernen) und der Feinmotorik (z. B. gezieltes Greifen und Manipulieren von Gegenständen). Im sensorischen Bereich zeigt sich eine Zunahme der Sehschärfe und Tiefenwahrnehmung sowie eine bessere Differenzierbarkeit von Farben und Lautmustern. Die Wahrnehmung unterschiedlicher Modalitäten (z. B. visuell und auditiv) kann besser integriert werden (intermodale Wahrnehmung). Im Bereich der sozial-emotionalen Entwicklung zeigen Kinder im 2. Lebensjahr erste Anzeichen von Sympathie und nutzen sprachliche Äußerungen zur Selbstregulation von Emotionen
Frühe Kindheit (2–6 Jahre)	Im körperlichen Bereich zeigen sich vor allem Verbesserungen im Bereich des Gleichgewichts und der Körperkoordination (Springen, Hüpfen, Werfen und Fangen) sowie der feinmotorischen Fertigkeiten (z. B. Essen mit Messer und Gabel). Im kognitiven Bereich verbessern sich die Fähigkeit zur Perspektivenübernahme, zu Analogieschlüssen sowie das Verständnis von Ursache-Wirkungs-Zusammenhängen. Neu erworbenes semantisches Wissen wird hierarchisch in Kategorien gespeichert und organisiert. Im emotionalen Bereich werden zunehmend inneres Sprechen als Mittel zur Selbstregulation verwendet sowie verschiedene Strategien zur emotionalen Selbstregulation entwickelt. Im Bereich der Persönlichkeit beginnt die Entwicklung eines Selbstkonzeptes. Kinder lernen, Absichten bei moralischen Beurteilungen zu berücksichtigen, und bilden erste stabile Freundschaften zu Gleichaltrigen aus

(Fortsetzung)

Tab. 1.2 (Fortsetzung)

Altersabschnitt	Entwicklung in verschiedenen Funktionsbereichen
Mittlere Kindheit (6–11 Jahre)	Bei der körperlichen Entwicklung zeigen sich eine Zunahme der Körperkraft und Geschicklichkeit. Im Bereich der Feinmotorik wird die Schrift leserlicher und Zeichnungen werden strukturierter und differenzierter. Im Bereich der kognitiven Entwicklung verbessern sich die selektive Aufmerksamkeit sowie die Gedächtnisfähigkeit. Zudem erlernen Kinder den effektiven Einsatz von Gedächtnisstrategien und eine zweite Sprache im Schulunterricht. Das Selbstkonzept differenziert sich als Ergebnis sozialer Vergleiche und fähigkeitsorientierter Zuschreibungen durch Erfolg und Misserfolg in unterschiedlichen Situationen. Kinder können unterschiedliche Strategien zur Bewältigung von Problemen anwenden. Im sozialen Bereich organisieren sich Kinder in Peergruppen und kategorisieren andere Kinder nach ihrer Akzeptanz (beliebt oder abgelehnt). Zudem zeigt sich eine Zunahme bei der Typisierung der Geschlechterrolle, und eigene Entscheidungen werden unabhängiger von der Meinung anderer Personen getroffen
Adoleszenz (11–18 Jahre)	Hormonelle Veränderungen läuten die Pubertät ein, begleitet durch einen Wachstumsschub. Es kommt zu Veränderungen der primären und sekundären Geschlechtsmerkmale, die zu einem positiven oder negativen Körperbild führen können. Im kognitiven Bereich verbessert sich weiterhin die Effizienz der Informationsverarbeitung durch eine schnellere Verarbeitung und verbesserte Aufmerksamkeit, die irrelevante Information ausblenden kann. Komplexere Probleme können durch den Aufbau metakognitiven Wissens gelöst werden. Es entwickelt sich ein differenzierteres Selbstwertgefühl, und die Beziehungen zu Gleichaltrigen werden immer wichtiger. Die Autonomie in vielen Entscheidungen von Heranwachsenden nimmt deutlich zu

(Fortsetzung)

Tab. 1.2 (Fortsetzung)

Altersabschnitt	Entwicklung in verschiedenen Funktionsbereichen
Frühes Erwachsenenalter (18–40 Jahre)	Im Bereich der körperlichen Entwicklung beginnen bereits biologische Alterungsprozesse, die das Immunsystem, Herz-Kreislauf-System, motorische Leistungen und auch die Fortpflanzungsfähigkeit betreffen. Die Effizienz mancher kognitiver Leistungen, beispielsweise die Schnelligkeit der Informationsverarbeitung, Denk- und Gedächtnisfähigkeit, nimmt bereits wieder ab. Hingegen nehmen kulturell vermittelte kognitive Leistungen wie der Erwerb von Wissen und Fertigkeiten zu oder bleiben stabil. Zu wichtigen Entwicklungsaufgaben gehören der Aufbau einer engen intimen Beziehung zu einem Lebenspartner oder der Familie sowie der Aufbau stabiler Freundschaften und die Planung des beruflichen Werdeganges
Mittleres Erwachsenenalter (40–65 Jahre)	Körperliche Veränderungen umfassen zunehmend schlechteres Seh- und Hörvermögen, Abnahme der Muskelmasse und Zunahme der Fettablagerungen sowie hormonelle Veränderungen (Wechseljahre). Im Bereich der kognitiven Leistungen setzt sich die Richtung der altersbedingten Veränderungen des frühen Erwachsenenalters fort. Die Persönlichkeit bleibt über das mittlere Erwachsenenalter sehr stabil. Die emotionale Entwicklung hängt von der Anpassungsfähigkeit an veränderte private und berufliche Bedingungen ab
Spätes Erwachsenenalter (65–85 Jahre)	Nach Beeinträchtigungen des Sehens und Hörens lassen nun auch der Geschmacks- und Geruchssinn nach und Schlafstörungen nehmen zu. Es zeigen sich zunehmende Beeinträchtigungen in allen kognitiven Bereichen. Ein aktiver Lebensstil, vor allem Sport, fördert die Aufrechterhaltung des körperlichen und geistigen Funktionsniveaus

Umweltveränderungen reagieren, sich aber Unterschiede in der Quantität oder Komplexität der Prozesse zeigen. Beispielsweise gehen Vertreter dieser Position davon aus, dass vor allem die Geschwindigkeit von Verarbeitungs- und Denkprozessen im Laufe der Kindheit bis zum frühen Erwachsenenalter deutlich zunimmt (Kail 2000) und dann bis zum hohen Alter wieder an Effizienz abnimmt (Salthouse 1996; siehe auch z. B. Vertreter des Informationsverarbeitungsansatzes, Tab. 2.1).

Vertreter einer **diskontinuierlichen** Entwicklung nehmen in ihren Modellen an, dass sich das Verhalten und die Denkprozesse von Kindern und Erwachsenen in ihrer grundsätzlichen Art und Weise unterscheiden. Die Entwicklung verläuft in unterschiedlichen Phasen oder Stufen, wobei jede mit einer anderen Art (Qualität) des Verhaltens und Erlebens einhergeht. Veränderungen im Verhalten und Erleben finden beim Übergang von einer zur nächsten Stufe sehr schnell statt und nähern sich dann einer Asymptote, bis die nächste Stufe erreicht ist.

Phasentheoretiker machen weniger spezifische Annahmen über die Entwicklung und nehmen sowohl qualitative als auch quantitative Veränderungen, also diskontinuierliche und kontinuierliche Entwicklungsverläufe an. Stufentheoretiker unterscheiden sich von Phasentheoretikern dahingehend, dass sie zusätzliche Annahmen darüber formulieren, welche Merkmale diskontinuierliche Entwicklungsverläufe haben, und zwar:

- Es gibt eine geordnete Reihe von Stufen, die aufeinander aufbauen.
- Die Richtung der Entwicklung läuft auf einen End- oder Reifezustand zu.
- Die vorherige Stufe wird als Voraussetzung für die Entwicklung auf der nächsten Stufe gesehen.
- Die Reihenfolge der Stufen ist irreversibel.
- Die nächsthöheren Entwicklungsstufen sind in ihrem Entwicklungsniveau als höherwertig zu betrachten.
- Die Veränderungen in den Stufen korrelieren mit dem Lebensalter.
- Die Stufenfolge wird als universell, unabhängig von der kulturellen Umwelt und einem inneren Bauplan folgend angesehen (z. B. die motorische Entwicklung bis zum Laufen, Tab. 1.3).

Zu den bekanntesten Stufenmodellen in der Entwicklungspsychologie zählen die „Stufentheorie zur psychosozialen Entwicklung" von Erik H. Erikson (1959/2008) und die „Stufentheorie zur kognitiven Entwicklung" von Jean Piaget (1969). Auch wenn die Annahmen von Stufentheorien vor allem in Bezug auf die körperliche Entwicklung in der frühen Kindheit (Tab. 1.3) zunächst plausibel erscheinen, sind

1.2 Zentrale Debatten der Entwicklungspsychologie in der Vergangenheit

Tab. 1.3 Entwicklung des motorischen Verhaltens bis zum Laufen

Woche	Motorische Fähigkeit
4 Wochen	Kinnheben
8–14 Wochen	Arme aufstützen und Brust anheben
16–20 Wochen	Sitzen mit Stützhilfe
30–34 Wochen	Sitzen ohne Stützhilfe
34–40 Wochen	Hochziehen und stehen mit Hilfe
36–42 Wochen	Krabbeln
44–50 Wochen	Laufen mit Begleitung an der Hand
50–60 Wochen	Alleine stehen und dann ohne Hilfe laufen

sie in der Vergangenheit häufig kritisiert worden und zu eng an die Kindesentwicklung in spezifischen Funktionsbereichen gekoppelt (für eine ausführlichere Kritik, siehe Montada et al. 2018). Die heutigen Entwicklungstheoretiker vertreten einen weniger engen Entwicklungsbegriff, wie ihn die Stufentheoretiker formuliert haben, und gehen sowohl von qualitativen als auch quantitativen Veränderungen im Laufe des Lebens aus, die sich in der Richtung in jedem Lebensalter je nach Funktionsbereich unterscheiden können (vgl. Annahmen der Lebensspannenpsychologie in Tab. 1.1).

Zusammenfassung

Unter Entwicklung versteht man Veränderungen im Verhalten und Erleben eines Individuums über die gesamte Lebensspanne. Entwicklungsverläufe umfassen sowohl qualitative wie auch quantitative Veränderungen. Gemeinsamkeiten und Unterschiede intraindividueller Entwicklungsverläufe werden von biologischen, gesellschaftlichen und kulturellen Einflussfaktoren mitbestimmt.

2 Die Suche nach den Ursachen von Entwicklungsveränderungen

Neben Erkenntnissen, ab welchem Lebensalter sich bestimmte Fähigkeiten und Fertigkeiten ausbilden und ab wann sich bestimmte emotionale und soziale Verhaltensweisen zeigen, haben Entwicklungspsychologen unterschiedliche Vorstellungen zur Erklärung von Entwicklungsveränderungen vorgeschlagen. Bei der Suche nach den zentralen Determinanten von Entwicklungsveränderungen wurde vor allem die Frage debattiert, ob Erbanlagen oder Umweltfaktoren gewichtiger sind, um Gemeinsamkeiten und Unterschiede in Entwicklungsverläufen von Individuen erklären zu können. Der Ausgang dieser Debatte wird in Abschn. 2.1 dargestellt. Vor diesem Hintergrund lassen sich unterschiedliche Konzeptionen und theoretische Modelle über Entwicklungsveränderungen besser nachvollziehen, die in Abschn. 2.2 erläutert werden.

2.1 Sind Anlage- oder Umwelteinflüsse entscheidender für die Entwicklung?

Die Frage nach der Wichtigkeit von Anlage- und Umwelteinflüssen ist nicht nur in der Entwicklungspsychologie von Beginn an gestellt und kontrovers diskutiert worden, sondern auch in anderen Teildisziplinen wie in der Differenziellen Psychologie oder in der Allgemeinen Psychologie. In der Entwicklungspsychologie betrifft dies die Frage danach, ob eher Erbanlagen oder Umwelteinflüsse Entwicklungsprozesse steuern.

▶ **Definition** Entwicklungsveränderungen sind durch **Erbanlagen** und die **Umwelt** gesteuert. Unter Erbanlagen verstehen wir angeborene, biologische Prädispositionen, die Eltern während der Zeugung an ihre leiblichen Kinder weitergeben. Diese werden vor und nach der Geburt von komplexen Einflüssen unserer physischen und sozialen Umwelt beeinflusst. Erbanlagen und Umwelteinflüsse **stehen in Wechselwirkung** bei der Entwicklung psychologischer Merkmale.

Die meisten entwicklungspsychologischen Theorien nehmen zwar Einflüsse von Anlage und Umwelt an, unterscheiden sich aber darin, in welchem Ausmaß der eine oder andere Faktor eine zentrale Rolle spielt. In Theorien, die vor allem die frühe kindliche Entwicklung im Blick haben, werden häufig Reifungsprozesse, die genetisch bedingt sind, betont. Auch die Stabilität von psychologischen Merkmalen über die Lebensspanne wird eher mit einem höheren genetischen Einfluss in Beziehung gebracht. Dagegen heben Vertreter, die Umweltfaktoren eine wichtige Rolle zuschreiben, häufig die Plastizität psychologischer Merkmale aufgrund positiver oder negativer Erfahrungen seitens der Umwelt hervor. Daher wird dieses Thema im nächsten Abschnitt, wenn es um die Ursachen von Entwicklungsveränderungen geht, erneut aufgenommen.

In der heutigen Entwicklungspsychologie wird eine extreme Anlage-Umwelt-Kontroverse nicht mehr vertreten. Vielmehr geht man von einer Interaktion beider Faktoren aus, wobei sich die Gewichtung je nach psychologischem Merkmal und Lebensalter (zum Hintergrund siehe Interaktionen zwischen Anlage und Umwelt über die Lebensspanne) ändern kann. Im Fokus der Forschung steht die Frage, welche Teile des Genoms in welcher Weise mit einer bestimmten Umwelt zu einem bestimmten Zeitpunkt in der Entwicklung interagieren und damit weitere Entwicklungsprozesse auslösen. Auch hier ist ein interdisziplinärer Ansatz vor allem mit Genetikern und Molekulargenetikern von großem Nutzen, um solche Forschungsfragen beantworten zu können.

Interaktionen zwischen Anlage und Umwelt über die Lebensspanne
Erblichkeitskoeffizienten ändern sich im Laufe des Lebens. Unter Erblichkeit versteht man den Anteil an der Gesamtvarianz eines beobachteten Merkmals (z. B. der Intelligenz) in einer Population, die auf Anlageunterschiede in dieser Population zurückzuführen ist. Die Erblichkeitskoeffizienten liegen in der frühen Kindheit bei etwa 20 % und nehmen dann auf 40–50 % in der mittleren Kindheit und Jugend zu. Sie erreichen ihren Höhepunkt im mittleren Erwachsenenalter bei 80 % und sinken dann im hohen Alter auf etwa 60 % (McClearn et al. 1997).

Es werden drei Arten von **Anlage-Umwelt-Passungen** vermutet (Plomin et al. 1977), deren Bedeutung sich über die Lebensspanne verändert (Scarr und Weinberg 1983). Unter der **passiven Genotyp-Umwelt Passung** versteht man, dass in den frühen Lebensjahren gewöhnlich die Eltern die Umwelten ihrer Kinder beispielsweise mit Lernangeboten in Form von Büchern und Spielzeugen gestalten. Diese können in unterschiedlichem Ausmaße den Dispositionen und Potenzialen der Kinder entsprechen. Auch wenn die Passung geringer ist, werden Kinder diese Lernangebote in der Regel annehmen. Bei einer **reaktiven Genotyp-Umwelt Passung** erkennen die Eltern, welche Talente und Dispositionen ihre Kinder haben, und wählen entsprechende Lernangebote und Umwelten aus. Bei der **aktiven Genotyp-Umwelt Passung** suchen die Kinder selber aus einer Vielfalt von Angeboten diejenigen aus, die ihren Interessen, Dispositionen und Talenten am besten entsprechen. Je mehr Freiraum und Möglichkeiten bestehen, aktiv Umwelten auszusuchen, desto stärker kommen die Anlagen in einem bestimmten Lebensalter zum Tragen. Sie erreichen daher ihren Höhepunkt im mittleren Erwachsenenalter (für eine detailliertere Darstellung siehe Montada et al. 2018).

2.2 Konzeptionen und Theorien

2.2.1 Entwicklung als Reifung

▶ **Definition** In der Entwicklungspsychologie bezeichnet man als **Reifung** Veränderungen in Funktionen und Strukturen innerhalb von Individuen, die universell beobachtbar sind und nicht auf Erfahrung, Übung oder Lernen zurückgeführt werden können.

Das Konzept der Reifung geht von genetisch bedingten Entwicklungsprozessen aus. Um dies nachzuweisen, müssten alle Veränderungen von Individuen, die auf Erfahrung, Übung oder Lernen zurückgehen, ausgeschaltet werden. Die Ausschaltung aller Erfahrungseinflüsse zur Untersuchung und dem Nachweis von Reifeprozessen ist aus ethischen Gründen allerdings nicht zu rechtfertigen. Daher stammen die meisten Erkenntnisse entweder aus systematischen, experimentellen Tierversuchen unterschiedlicher Spezies oder aus natürlichen Experimenten, in denen Menschen unter Deprivationseinflüssen (z. B. ohne sprachliche oder soziale Interaktion) aufgewachsen sind (z. B. Wolfskinder oder Kasper Hauser). Wissenschaftliche Erkenntnisse über die biologische Fundierung der Entwicklung stammen zum einen aus den Beobachtungen der Folgen sensorischer Deprivation (z. B. dem Spracherwerb bei angeborener Blindheit oder Taubheit; siehe Röder 2012) und zum anderen aus kulturell unterschiedlich geprägten Entwicklungswelten. Beispielsweise wurden Kinder der Hopi-Indianer in ihrer motorischen Bewegungsfreiheit in den ersten Lebensmonaten durch das Festbinden auf einem Wickelbrett stark eingeschränkt. Trotzdem lernten sie in etwa im gleichen Monat zu laufen wie die Kinder von Hopi-Indianern, die diesen Brauch nicht mehr in der Erziehung anwendeten (Dennis und Dennis 1940). Daraus lässt sich schließen, dass die motorische Entwicklung bis zum Laufen lernen (Tab. 1.3) in erster Linie biologisch determiniert ist und demnach überwiegend auf Reifungsprozessen beruht.

2.2.2 Entwicklung als Folge von Erfahrungen

Eine völlig entgegengesetzte Auffassung von Entwicklung postulieren die Vertreter des sog. Behaviorismus, der zu Beginn des 20. Jahrhunderts einen enormen Einfluss auf die Vorstellungen der Psychologie als wissenschaftliche Disziplin hatte. Behavioristen forderten, nur das direkt beobachtbare Verhalten als Folge von Reizdarbietungen zur Erklärung und Beschreibung von Verhaltensänderungen heranzuziehen (zum Hintergrund siehe Das behavioristische Manifest und Menschenbild). Zu den bekanntesten Vertretern zählen Iwan Pawlow (1849–1936), John B. Watson (1878–1958), Edward L. Thorndike (1874–1949) und Burrhus F. Skinner (1904–1990).

> **Das behavioristische Manifest und Menschenbild**
> John B. Watson veröffentliche 1913 in der Zeitschrift *Psychological Review* einen Artikel mit der Überschrift „Psychology as the Behaviorist views it", der auch als das „Behavioristische Manifest" bezeichnet wird. Dabei fordert Watson, dass die Psychologie als ein objektiver, experimenteller Zweig der Naturwissenschaften anzusehen ist, deren theoretisches Ziel die Kontrolle und Vorhersage von Verhalten ist. Die Introspektion (Selbstbeobachtung psychischer Vorgänge) sei kein wesentlicher Bestandteil.
> Das Menschenbild der Behavioristen kommt in dem folgenden Zitat von Watson sehr gut zum Ausdruck: „Man gebe mir ein Dutzend gesunde, gut gebaute Kinder und meine eigene spezifische Welt, um sie darin großzuziehen, und ich garantiere, dass ich irgendeines zufällig herausnehme und es so erziehe, dass es irgendein beliebiger Spezialist wird, zu dem ich es erwählen kann – Arzt, Jurist, Künstler, Kaufmann, ja sogar Bettler und

2.2 Konzeptionen und Theorien

> Dieb, ungeachtet seiner Talente, Neigungen, Absichten, Fähigkeiten und Herkunft seiner Vorfahren." (deutsche Übersetzung des Originalzitats von Watson 1930, S. 104).

Entgegen der Annahme, dass biologisch determinierte, universelle Reifungsprozesse die Entwicklung steuern, sehen die Behavioristen Umwelteinflüsse als die wichtigste Ursache für Entwicklungsveränderungen an. Als zentrale Lernkonzeptionen unterscheiden sie die klassische und operante Konditionierung, deren Grundgesetzmäßigkeiten zur Verhaltensmodifikation auch heute in vielen pädagogischen und klinischen Kontexten in der Praxis zur Anwendung kommen.

▶ **Definition** Das Grundprinzip der **klassischen Konditionierung** besteht darin, dass eine bereits bestehende Reiz-Reaktions-Verbindung durch mehrmalige wiederholte Darbietung eines neuen und neutralen Reizes (der die Reaktion zuvor nicht ausgelöst hat) in der Folge zum Auslösereiz für die Reaktion wird.

Pawlow hat das Prinzip der klassischen Konditionierung zufällig beim Experimentieren mit Hunden entdeckt. Hier wurde eine bereits vorhandene, reflexhafte Verhaltensweise (Speichelfluss beim Anblick des Futters; unkonditionierte Reaktion) mehrmals mit einem Glockenton gekoppelt, bis nach einiger Zeit der Glockenton den Speichelfluss des Versuchstieres auslöste (die konditionierte Reaktion), ohne dass Futter gegeben werden musste. Vor der Konditionierung hat der Glockenton als neutraler Reiz den Speichelfluss des Tieres nicht ausgelöst (vgl. Clark 2004).

▶ **Definition** Das Grundprinzip der **operanten Konditionierung** besteht darin, dass eine zuvor definierte Reaktion verstärkt wird, um so die Auftretenswahrscheinlichkeit dieser Reaktionen zu modifizieren. So kann erwünschtes Verhalten aufgebaut und unerwünschtes Verhalten abgebaut werden.

Thorndike und Skinner haben das Lernprinzip der operanten Konditionierung systematisch mit Versuchstieren (z. B. Katzen, Tauben und Laborratten) erforscht. Bei der operanten Konditionierung geht es darum, die Auftretenswahrscheinlichkeit einer zuvor definierten operanten Reaktion (z. B. Tastendruck oder Mathe üben) zu verändern. Die Auftretenswahrscheinlichkeit des Verhaltens kann dabei durch die Vergabe von positiven Verstärkern (Belohnungen) erhöht oder durch die Verabreichung negativer Verstärker (Bestrafungen) verringert werden (Beispiel siehe Verhaltensmodifikation mittels Token-System). Dieses Prinzip wurde von

Thorndike (1927) das „Gesetz des Effekts" genannt. Man unterscheidet zwischen primären und sekundären Verstärkern. Primäre Verstärker wirken unmittelbar auf die Befriedigung von Bedürfnissen (wie Hunger oder Durst), während die Bedeutung sekundärer Verstärker gelernt werden muss (z. B. Lob oder Tadel für gutes oder schlechtes Benehmen).

> **Verhaltensmodifikation mittels Token-System**
> Um erwünschtes Verhalten aufzubauen, werden in der Praxis häufiger Token-Systeme angewendet, die zur Verhaltensmodifikation einzelner Individuen oder auch für Gruppen wie Schulklassen angewendet werden können. Dazu wird den Kindern, immer wenn sie eine erwünschte Verhaltensweise zeigen, ein sog. Token (z. B. Smiley-Kärtchen, Punkt) ausgehändigt, beispielsweise wenn das Kind an diesem Tag im Unterricht nicht gestört hat. Die Token können gesammelt werden und beim Erreichen einer zuvor festgelegten Anzahl gegen eine Belohnung (z. B. Hausaufgabengutschein oder Geschenk aus einer Schatzkiste) eingetauscht werden. Welche Aktivitäten als Unterrichtsstörung betrachtet werden, wird zuvor in Regeln festgelegt. Auf diese Weise kann gerade zu Beginn der Grundschulzeit eine Verhaltensmodifikation bei Kindern herbeigeführt werden, damit Unterrichtsinhalte erfolgreich vermittelt werden können.

2.2.3 Entwicklung als Sozialisation

Viele Forscher zweifelten zwar nicht daran, dass die von den Behavioristen formulierten Grundprinzipien der Verhaltensmodifikation mittels klassischer und operanter Konditionierung gültig sind, stellten aber infrage, ob diese ausreichend sind, um die ganze Bandbreite von Entwicklung und Lernen zu verstehen. Da Lernen im sozialen Kontext stattfindet, stellen einige Entwicklungsforscher die Rolle der Sozialisation in den Vordergrund (für einen Überblick siehe Ittel et al. 2014).

▶ **Definition** Unter **Sozialisation** versteht man einen Lernprozess und die Entwicklung, die ein Mensch in der Auseinandersetzung mit seiner sozialen Umwelt erfährt. Dieser Prozess erfolgt durch Anleitung, Information und Belehrung, Belohnung und Bestrafung oder auch durch die Nachahmung von Vorbildern. Vorbilder oder Modelle können Menschen im unmittelbaren Umfeld der Person sein wie die Familie, Lehrer und Erzieher, Freunde und Verwandte, berufliche Kollegen und andere gesellschaftlich relevante Personen. Die Sozialisation wird durch den gesellschaftlichen und kulturellen Kontext beeinflusst, in dem unterschiedliche Werte, Regeln der Kommunikation, Bedeutung von Symbolen und Verhaltensregeln gelten können, an die man sich anpassen muss.

Der amerikanische Psychologe Albert Bandura hat vor allem die Rolle von Vorbildern für das Erlernen von Verhalten erforscht, das auch als **Modelllernen** oder **Beobachtungslernen** bezeichnet wird (Bandura 1986). Bandura hat in einer Reihe systematischer Studien die Bedingungen und Charakteristika sowohl des Modells wie auch des Beobachtens spezifiziert, die die Effizienz des Beobachtungslernens beeinflussen können (Bandura et al. 1963a, b, c). Zu seinem bekanntesten Experiment gehört die sog. Bobo-Doll-Studie (Bandura 1965). Zudem hat er ein Prozessmodell formuliert, wie das Beobachtungslernen abläuft (z. B. Bandura und Jeffrey 1973). Dabei unterscheidet er zwischen einer Aneignungs- und Ausführungsphase. In der Aneignungsphase spielen kognitive Prozesse wie die Aufmerksamkeit und das Gedächtnis eine wesentliche Rolle. Zunächst muss der Beobachter seine Aufmerksamkeit auf das Modell gerichtet haben und über die notwendigen sensorischen Kapazitäten verfügen, das Modellverhalten beobachten zu können. Im nächsten Schritt muss das Modell zudem über notwendige Gedächtniskapazitäten verfügen, um das beobachtete Verhalten längere Zeit aufrechterhalten und im Gedächtnis speichern zu können. Beispielsweise sind Säuglinge aufgrund ihrer begrenzten Gedächtniskapazität nur zur Nachahmung sehr einfacher Handlungen in der Lage. In der Ausführungsphase sind vor allem motorische und motivationale Prozesse von Bedeutung. Damit das beobachtete Verhalten nachgeahmt werden kann, muss der Beobachter auch über die motorischen Reproduktionskompetenzen verfügen. Auch wenn ein Jugendlicher das Jonglieren von Bällen bei seinem Freund genau beobachtet hat, ist erst intensive Übung vonnöten, bevor er selber die Bälle jonglieren kann. Neben diesen Vorbedingungen muss der Beobachter auch noch motiviert sein, das beobachtete Verhalten zu zeigen. Hier wirken sowohl externe Verstärker (z. B. Lob oder Tadel der Eltern, Geld, Süßigkeiten) als auch interne Verstärker (z. B. Erfolg, Misserfolg) sowie Verstärkerpräferenzen und Verstärkerstandards.

2.2.4 Einflussreiche Theorien in der Entwicklungspsychologie

Während Reifungskonzeptionen die Wichtigkeit von Anlagen bei der Entwicklung herausstellen und die Behavioristen und Vertreter der sozialen Lerntheorie vor allem Umwelteinflüsse betonen, gehen die meisten entwicklungspsychologischen

Tab. 2.1 Kernannahmen einflussreicher Theorien in der Entwicklungspsychologie

Theorie und Vertreter	Kernannahmen
Psychoanalyse (Sigmund Freud)	Menschen durchlaufen eine Reihe von Stufen von der Geburt bis zum jungen Erwachsenenalter (z. B. psychosexuelle Entwicklungsstufen). Auf jeder dieser Stufen müssen sie Konflikte zwischen den biologischen Trieben (Sexualtrieb, Aggression) einerseits und den Erwartungen der Umwelt andererseits lösen. Wie gut diese Konflikte gelöst werden können, ist entscheidend für eine gesunde Persönlichkeitsentwicklung
Psychosoziale Entwicklungstheorie (Erik H. Erikson)	Im Laufe des Lebens durchlaufen Menschen acht Stufen, die mit unterschiedlichen Zeiträumen verbunden sind, in denen sie grundlegende psychische Konflikte lösen müssen. Positive oder negative Lösungen sind auf jeder Stufe möglich und führen zu entgegengesetzten Haltungen und Fähigkeiten, beispielsweise die Entwicklung von Urvertrauen versus Misstrauen im 1. Lebensjahr
Soziokulturelle Theorie (Lew S. Wygotski)	Der Ansatz beschäftigt sich damit, wie kulturelle Wertvorstellungen, Verhaltensweisen und Fertigkeiten von bestimmten sozialen Gruppen einer Gesellschaft von Generation zu Generation weitergegeben werden. Für die Entwicklung des Denkens und des Verhaltens ist die soziale Interaktion von Gruppen entscheidend, in denen im kooperativen Umgang Menschen ihr Wissen an andere Gruppenmitglieder weitergeben
Ökologische Systemtheorie	Bei der Entwicklung des Menschen wird die Interaktion verschiedener komplexer Systeme betrachtet. Die Systeme beinhalten die Veränderung von Verhalten und Erleben in Wechselwirkung mit der unmittelbaren Umgebung sowie soziale und kulturelle Bedingungen von Individuen
Evolutionäre Entwicklungstheorien	Während Ethologen den Überlebensvorteil von Verhaltensweisen unter Berücksichtigung der Evolutionsgeschichte erforschen, untersuchen evolutionäre Entwicklungspsychologen den adaptiven Nutzen altersbedingter Veränderungen im Hinblick auf kognitive, soziale und emotionale Fähigkeiten innerhalb einer Spezies

(Fortsetzung)

Tab. 2.1 (Fortsetzung)

Theorie und Vertreter	Kernannahmen
Kognitive Entwicklungstheorie (Jean Piaget)	Jean Piaget betrachtet die kognitive Entwicklung von der Kindheit bis ins Jugendalter als das Ergebnis von vier Entwicklungsstufen. Die Abfolge der Stufen ist universell. Kinder passen sich an ihre Umwelt an, indem sie aktiv Wissen selbst konstruieren und mental repräsentieren. Er unterscheidet zwischen Assimilation, bei der neue Information in vorhandenes Wissen integriert wird, und die Akkommodation, bei der Wissensstrukturen verändert werden, da eine neue Information nicht integriert werden kann
Informationsverarbeitungsansatz	Dieser Ansatz betrachtet die Entwicklung der Informationsverarbeitung des kognitiven Systems über die Lebensspanne von der Wahrnehmung eines sensorischen Inputs bis zur Verhaltensreaktion als Ergebnis (Output) der Informationsverarbeitung. Dies beinhaltet die Entwicklung der sensorischen Informationsverarbeitung, also wie Informationen der Umwelt verarbeitet werden, die Gedächtnisentwicklung, also wie Informationen repräsentiert, gespeichert, organisiert und abgerufen werden, und wie diese Informationen koordiniert und in motorische Handlungen umgesetzt werden

Theorien von einem Wechselspiel zwischen beiden Faktoren aus. Eine ausführliche Beschreibung unterschiedlicher Entwicklungstheorien findet man in umfassenden Lehrbüchern (z. B. Ahnert 2013). An dieser Stelle können nur die zentralen Grundideen unterschiedlicher Entwicklungstheorien und ihre wichtigsten Vertreter kurz dargestellt werden (Tab. 2.1).

> **Zusammenfassung**
> Entwicklungsprozesse werden durch die Interaktion zwischen Erbanlagen und Umweltfaktoren gesteuert. Konzeptionen und theoretische Vorstellung in der Entwicklungspsychologie unterscheiden sich in der relativen Gewichtung beider Faktoren.

Aktuelle Themen in der Entwicklungspsychologie

3

Nicht nur der demografische und gesellschaftliche Wandel, sondern auch der methodische Fortschritt hat in den letzten Jahrzehnten zu einem starken Interesse an der Alternsforschung, kulturvergleichenden Forschung und neurowissenschaftlichen Forschung geführt, sodass sich neue eigenständige Teildisziplinen in der Entwicklungspsychologie etabliert haben wie die Gerontopsychologie und die kognitiven Entwicklungsneurowissenschaften.

3.1 Alternsforschung

Wie bereits in Abschn. 1.2.1 angesprochen, begannen sich Entwicklungspsychologen mit wenigen Ausnahmen erst Mitte bis Ende des 20. Jahrhunderts mit der Entwicklung über die gesamte Lebensspanne zu beschäftigen. Dies hat verschiedene Gründe. Betrachtet man die Veränderung der durchschnittlichen Lebenserwartung, so ist diese im 20. Jahrhundert durch verbesserte Ernährungs- und Hygienebedingungen sowie bessere Bildung deutlich angestiegen. Während die durchschnittliche Lebenserwartung zu Beginn des Jahrhunderts noch bei etwa 50 Jahren lag, liegt sie heute bei etwa 85 Jahren (Abb. 3.1).

Nicht nur das durchschnittliche Lebensalter, sondern auch der relative Anteil der Menschen im Alter von über 65 Jahren hat stark zugenommen. Im Jahr 1950 lag der relative Anteil bei 10 %, im Jahr 2000 bei 17 % und der prognostische Anteil im Jahr 2050 liegt bei 32 % (Statistisches Bundesamt – Destatis 2015). Dieser demografische Wandel wird unsere Gesellschaft vor enorme Herausforderungen stellen, wie es heute im Rahmen der Finanzierung der Renten und der Erhöhung des Rentenalters immer wieder diskutiert wird. Diese Veränderungen in der Bevölkerungspyramide haben mit dazu beigetragen, dass

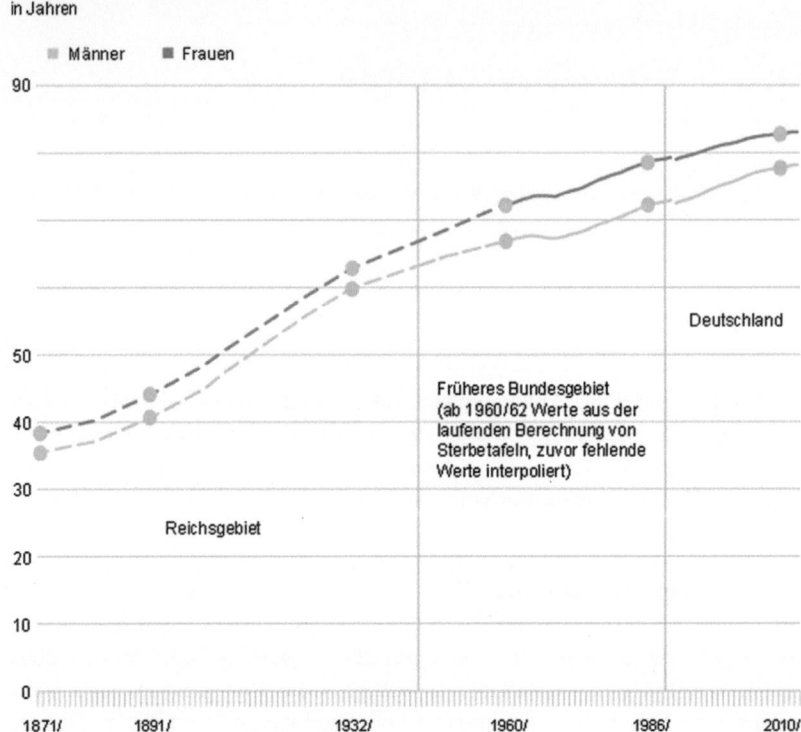

Abb. 3.1 Veränderung der Lebenserwartung von Männern und Frauen in Deutschland seit 1871. (© Statistisches Bundesamt (Destatis), 2018, mit freundlicher Genehmigung)

in der Entwicklungspsychologie und Gerontologie eine neue, eigenständige Teildisziplin, die Gerontopsychologie, entstanden ist.

▶ **Definition** Die **Gerontologie** ist die Wissenschaft vom Altern des Menschen. Die **Gerontopsychologie** beschäftigt sich mit den körperlichen, emotionalen und sozialen Veränderungen älterer Menschen, den gesundheitlichen und funktionalen Einschränkungen sowie ihren Ressourcen und Kompetenzen.

3.1 Alternsforschung

Die wissenschaftliche Forschung in der Gerontopsychologie beschäftigt sich mit der Bestimmung körperlicher, kognitiver, emotionaler und sozialer Alterungsprozessen und den Faktoren, die diese beeinflussen können (Martin & Kliegel, 2005; Oswald, 2008). Dazu erhören u. a. Studien, die zeigen, wie die Funktionsfähigkeit im hohen Lebensalter durch geeignete Interventionen und Trainingsmaßnahmen aufrechterhalten werden kann, um möglichst lange selbstständig und unabhängig den Alltag meistern zu können, aber auch die Untersuchung von Möglichkeiten, wie Potenziale und Kompetenzen älterer Menschen für die Gesellschaft genutzt werden können (siehe Beispiel).

> **Der älteste Schwimmlehrer der Welt**
> Der älteste Schwimmlehrer der Welt heißt Leopold Kuchwalek, ist 101 Jahre alt und lebt in Berlin (Abb. 3.2). Hier geht er nicht nur regelmäßig schwimmen, sondern bringt Kindern zwei Mal pro Woche das Schwimmen bei. Dies ist eines von vielen Beispielen, dass man auch im sehr hohen Alter noch körperlich und geistig fit sein und mit Spaß gesellschaftliche Aufgaben übernehmen kann.

Neben der wissenschaftlichen Forschung gehören zu den zentralen Aufgaben der Gerontopsychologie in der Praxis die psychologische Diagnostik (z. B. Diagnostik kognitiver Fähigkeiten wie die Gedächtnisleistung), die klinisch-psychologische

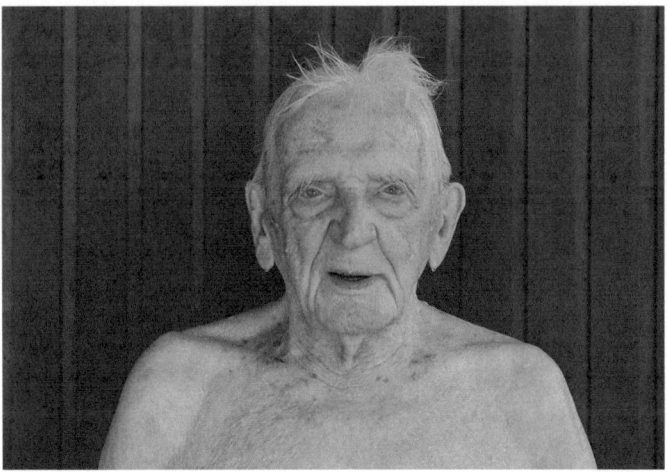

Abb. 3.2 Der älteste Schwimmlehrer der Welt. (Copyright: Jan Ehlers/ Deutsche Fernsehlotterie. Das Bild stammt aus dem Beitrag „Der Hundertjährige, der ins Wasser stieg und schwamm" der Deutschen Fernsehlotterie, https://www.fernsehlotterie.de/magazin)

Beratung (z. B. bei Demenzerkrankungen), die Beratung und Durchführung gesundheitsförderlicher Maßnahmen (z. B. Fitness- und Gleichgewichtstraining) und die Beratung von Angehörigen und Pflegenden (z. B. nach Umzug in ein Pflegeheim).

3.2 Interkulturelle Forschung

Auch wenn Entwicklungsforscher einen universellen Verlauf unterschiedlicher psychischer Merkmale vermuten, betonen viele Ansätze in der Entwicklungspsychologie den prägenden Einfluss der Umwelt, in der wir längerfristig leben. Daher haben sich kulturvergleichende Forscher generell die Frage gestellt, ob sich kulturelle Einflüsse langfristig auf grundlegende Informationsverarbeitungsprozesse wie Wahrnehmungs- und Gedächtnisprozesse auswirken (Park und Gutchess 2006). Hat also die Kultur in der wir leben, einen Einfluss darauf, wie wir unsere Umwelt wahrnehmen, wie wir denken, sprechen und fühlen?

In der Tat gibt es mittlerweile eine Reihe von Studien, die zeigen können, dass sich beispielsweise die visuelle Verarbeitung von bildlichen Reizen zwischen westlichen und östlichen Kulturen unterscheidet. Zeigt man Gruppen aus beiden Kulturkreisen verschiedene Bilder mit Objekten auf einem Bildhintergrund, dann erinnern Menschen aus dem westlichen Kulturraum eher die Objekte und vernachlässigen den Bildhintergrund, was man als einen analytischen, merkmalsbezogenen Verarbeitungsstil bezeichnet. Menschen aus dem östlichen Kulturraum hingegen erinnern mehr Details des Bildhintergrundes, was für einen ganzheitlichen, kontextbezogenen Verarbeitungsstil spricht. Die Unterschiede wurden mit der kulturellen Prägung erklärt, wobei es sich bei westlichen Kulturen um individualistische Gesellschaften handelt, in denen das einzelne Individuum im Zentrum steht, während es sich bei östlichen Kulturen um kollektivistische Gesellschaften handelt, in denen die Gemeinschaft im Vordergrund steht (Gutchess und Huff 2016; Masuda und Nisbett 2001).

Aus der entwicklungspsychologischen Perspektive lässt sich der interkulturelle Ansatz sehr gut mit dem Lebensspannenansatz verbinden, da hier Interaktionen zwischen Alter und Kultur zu einem besseren Verständnis für biologische und erfahrungsbedingte Einflussfaktoren, die sich auf die Informationsverarbeitung auswirken, beitragen können (Gutchess et al. 2006; Hedden et al. 2002; Park und Gutchess 2006). So sollten kulturelle Einflüsse auf eher biologisch determinierte Altersprozesse wie nachlassende Gedächtnisleistungen weniger stark ausgeprägt sein, während sich kulturell bedingte (erfahrungsbasierte) Unterschiede in beispielsweise Gedächtnisstrategien im höheren Lebensalter stärker ausprägen sollten.

3.3 Kognitive Entwicklungsneurowissenschaften

Als eine noch recht junge Teildisziplin untersuchen die kognitiven Neurowissenschaften den Zusammenhang zwischen dem Verhalten und Erleben von Menschen und der Struktur und Funktionsweise des Gehirns (Röder und Rösler 2016). In den letzten Jahrzehnten haben sich die Methoden der kognitiven Neurowissenschaften zur Messung und Analyse deutlich weiterentwickelt, sodass diese mittlerweile auch bei Kindern und älteren Erwachsenen und sogar bei Säuglingen zur Anwendung kommen können. Dabei kommen zum einen bildgebende Verfahren wie die strukturelle und funktionale Magnetresonanztomografie (MRT) zum Einsatz, die die neuronale Aktivierung in unterschiedlichen Hirnstrukturen bei der Bearbeitung von Aufgaben sichtbar machen können (z. B. Nordt et al. 2016). Zum anderen kann man mittels elektrophysiologische Verfahren wie der Elektroenzephalografie (EEG) den genauen zeitlichen Verlauf von sensorischen und kognitiven Prozessen im Verlauf einer Reaktion oder Handlung und der Bewertung des Handlungsergebnisses von Individuen darstellen (Ferdinand und Kray 2014; Schönebeck und Elsner 2017).

▶ **Definition** Als ein Teilgebiet der kognitiven Neurowissenschaften beschäftigen sich die **kognitiven Entwicklungsneurowissenschaften** mit der parallelen Entwicklung der Kognition und der Struktur und Funktion des Gehirns.

Mithilfe von bildgebenden Verfahren kann man beispielsweise die neuronale Plastizität in der Entwicklung, die auf Reifungsprozessen beruht, und deren Interaktion mit vorhandenen oder fehlenden Lernerfahrungen untersuchen. Besonders im Säuglings- und Kleinkindalter ist das Gehirn enorm plastisch und reagiert schnell auf neue Umwelterfahrungen. Fehlen in der frühen Kindheit spezifische Lernerfahrungen wie visuelle Stimulation, weil Kinder beispielsweise von Geburt an blind sind, zeigt sich eine Reorganisation der Gehirnfunktionen, d. h., es lässt sich bestimmen, ob die ursprüngliche Funktion der visuellen Verarbeitung nun von anderen Gebieten im Gehirn übernommen werden kann. Eine solche Reorganisation im Gehirn findet jedoch nicht statt, wenn Kinder erst nach der Reifung von visuellen Verarbeitungsstrukturen erblinden (Röder 2012). Somit liefern die Erkenntnisse der Entwicklungsneurowissenschaften wichtige Hinweise über die menschliche Entwicklung, die sich mit der Messung von Verhaltensdaten oder Fragebogendaten allein nicht beantworten lassen.

> **Zusammenfassung**
>
> Aktuelle Forschungsthemen in der Entwicklungspsychologie beschäftigen sich mit der Entwicklung im sehr hohen Alter, der Entwicklung in unterschiedlichen Kulturen und der Beziehung zwischen kognitiver Entwicklung und der Gehirnentwicklung. Dabei haben sich als neue Teildisziplinen die Gerontopsychologie und die kognitive Entwicklungsneurowissenschaften etabliert.

Methoden der Entwicklungspsychologie

4

Eine besondere Herausforderung für Entwicklungspsychologen ist es, geeignete Tests und experimentelle Verfahren vor allem im Säuglings- und Kleinkindalter einzusetzen, um den Entwicklungsstand in unterschiedlichen Funktionsbereichen erfassen zu können. Vor allem bei der Untersuchung von Säuglingen muss auf besondere Datenerhebungsmethoden zurückgegriffen werden, die ohne Sprache als Kommunikationsmittel auskommen müssen, da das Sprachverständnis und die Sprachproduktion noch nicht ausreichend entwickelt sind. Diese Verfahren werden im Abschn. 4.1 kurz beschrieben. Zur Erfassung von altersbedingten Veränderungen und Entwicklungsverläufen über die Lebensspanne stehen der Entwicklungspsychologie unterschiedliche Forschungsdesigns zur Verfügung, deren Vor- und Nachteile im Abschn. 4.2 dargestellt werden. In der entwicklungspsychologischen Praxis werden zur Bestimmung des Entwicklungsstandes eines Kindes allgemeine und spezifische Entwicklungstests eingesetzt, die im Abschn. 4.3 näher beschrieben werden.

4.1 Datenerhebungsmethoden im Säuglings- und Kleinkindalter

Mittlerweile haben sich neben standardisierten Beobachtungsverfahren eine Reihe von experimentellen Paradigmen etabliert, um u. a. Lern- und Gedächtnisleistungen schon im Säuglings- und Kleinkindalter erfassen zu können, die im Folgenden kurz beschrieben werden.

4.1.1 Standardisierte Beobachtungsverfahren

Im Rahmen von standardisierten Beobachtungsverfahren wird eine Sequenz von Verhaltensweisen in zuvor festgelegten Situationen betrachtet. Dabei wird das Verhalten von Kindern in natürlichen Situationen beobachtet, beispielsweise in Spielsituationen mit anderen Kindern oder in Interaktionen mit den Eltern oder anderen Betreuungspersonen.

Unterschieden wird, ob sog. Ereignis- oder Zeitstichproben als Verhaltenssequenz für die Beobachtung zugrunde gelegt werden. Bei Ereignisstichproben findet die Beobachtung dann statt, wenn eine zuvor definierte Verhaltensweise auftritt, beispielsweise kooperatives Verhalten oder Nachahmungsverhalten. Bei einer Zeitstrichprobe wird zuvor festgelegt, wann und wie lange das Verhalten eines Kindes beobachtet wird, beispielsweise in einer bestimmten Zeiteinheit (z. B. 15 min) nach dem Mittagsschlaf.

Verschiedene Beobachtungsverfahren unterscheiden sich im Grad der Standardisierung bezüglich des verwendeten Kategoriensystems und bezüglich der Schätzurteile über die Häufigkeit und Intensität von Verhaltensweisen (für einen detaillierten Überblick siehe Schmidt-Atzert und Amelang 2012).

4.1.2 Präferenzverfahren

Mit diesem Verfahren kann man die Vorlieben von Säuglingen für bestimmte Reize bestimmen. Dazu werden dem Säugling zwei oder mehr Reize gleichzeitig dargeboten, und anhand der Reaktion wird auf die Präferenz für einen bestimmten Reiz geschlossen. Die dargebotenen Reize haben zumeist eine visuelle oder akustische Modalität, es können aber auch Reize der Geruchs- und Geschmacksmodalität verwendet werden. Beispielsweise kann man dem Säugling links und rechts vom Kopf jeweils verschiedene Geruchsreize darbieten, und anhand der Kopfdrehung kann auf die Präferenz für einen der beiden Gerüche geschlossen werden. Neben Körperbewegungen wie die Kopfdrehung oder das Saugen werden häufig auch Blickbewegungen als Reaktionen gemessen.

4.1.3 Habituationsverfahren

Mit dem Habituations-Dishabituations-Verfahren lassen sich verschiedene kognitive Fähigkeiten von Säuglingen erfassen, beispielsweise Wahrnehmungs- und Gedächtnisleistungen.
In der Habituationsphase wird dazu dem Säugling nacheinander wiederholt derselbe Reiz (z. B. ein Bild eines Balles) gezeigt. Bei der ersten Darbietung zeigt sich zunächst eine Orientierungsreaktion (bzw. Aufmerksamkeitszuwendung), die sich in einer Blickzuwendung und langen Blickdauer auf das dargebotene Objekt bemerkbar macht. Bei einer erneuten Darbietung nimmt die Verhaltensreaktion, z. B. die Blickdauer, von Mal zu Mal ab, und man spricht von einer Reizgewöhnung oder Habituation (Abb. 4.1). Daraus schließt man, dass eine interne Repräsentation des dargebotenen Reizes aufgebaut wurde, die im Gedächtnis gespeichert und bei erneuter Darbietung des Reizes wiedererkannt wird. Wird nun nach mehreren Durchgängen ein neuartiger Reiz (z. B. das Bild eines Autos) dargeboten, findet eine Dishabituation statt, und die Blickdauer auf das neue Objekt wird deutlich länger.

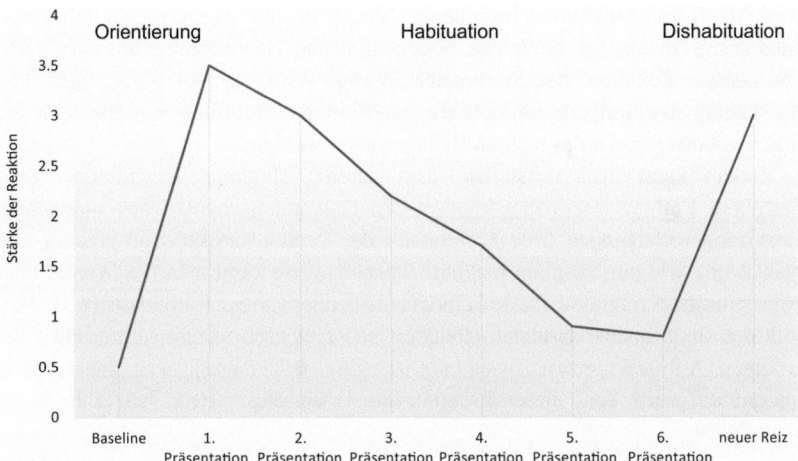

Abb. 4.1 Prototypische Ergebnisse bei einem Habituations-/Dishabituationsverfahren. Bei der erstmaligen Präsentation eines Stimulus findet eine Orientierungsreaktion statt. In der Phase der Habituation nimmt die Stärke der Reaktion auf den Stimulus mit jeder neuen Präsentation ab. Bei der Präsentation eines neuen Reizen findet eine Dishabituation statt

Neben der Blickdauer werden auch physiologische Maße wie die Herzrate als Verhaltensindikator genutzt, um die Habituations- und Dishabituationsfähigkeit im Säuglingsalter zu messen (Elsner et al. 2006).

Für die visuelle Habituations- und Dishabituationsfähigkeit zeigt eine metaanalytische Studie einen positiven Zusammenhang zu späteren kognitiven Leistungen, d. h., je besser die Dishabituation erfolgt, desto besser sind spätere kognitive Leistungen (Kavšek 2004).

4.1.4 Erwartungs- und Erwartungsverletzungsverfahren

Mit diesen Verfahren kann man messen, ob Säuglinge und Kleinkinder in der Lage sind, Relationen oder Assoziationen in einer Serie von Reizen zu erkennen. Solche Relationen können zwischen einer Folge von Reizen oder auch zwischen einem Reiz und einer Verhaltensreaktion (Assoziationslernen) bestehen.

So haben Rovee und Rovee (1969) in einem klassischen Experiment zeigen können, dass bereits 10 Wochen alte Säuglinge den Zusammenhang zwischen dem eigenen Verhalten (Strampeln mit dem rechten Bein) und dessen Konsequenz (Bewegung der Figuren eines Mobiles) erkennen und nutzen können, wenn das Bein durch ein Seil mit dem Mobile verbunden wird. Dies wird als Kontingenzlernen bezeichnet. Säuglinge, die nur ein Seil am Beinchen festgebunden haben, zeigen in dem gleichen Beobachtungszeitraum keine bedeutsame Zunahme der Strampelbewegung. Wird die Kontingenz aufgelöst (Loslösung der Seilverbindung zwischen Bein und Mobile), werden auch die Strampelbewegungen des rechten Beines wieder weniger.

Zudem kann man feststellen, dass bereits Säuglinge Erwartungen über bestimmte Ereignisse aufbauen können. Dies lässt sich nachvollziehen, indem man Erwartungsverletzungen über Ereignisse oder Verhaltensreaktionen erzeugt und beobachtet, wie der Säugling reagiert. Beispielsweise kann man das Wissen über physikalische Ereignisse messen, indem man unerwartete Ereignisse (z. B. Ball rollt den Berg hinauf) darbietet. Üblicherweise reagieren Säuglinge hier mit einer erhöhten Aufmerksamkeitszuwendung (längere Blickdauer), was dahingehend interpretiert wird, dass dieses Ereignis ihre Erwartung verletzt hat (z. B. Hood et al. 2003).

4.1.5 Verzögerte Nachahmungsverfahren

Mithilfe dieses Verfahrens kann gemessen werden, wie gut Kleinkinder in der Lage sind, bestimmte Handlungen durch ein Modell nachzuahmen und über eine längere Zeit im Gedächtnis zu behalten. Dazu werden durch ein Modell einfache Handlungen an unterschiedlichen Objekten vorgemacht und nach einem variablen Zeitabstand die Kinder dazu aufgefordert, diese Handlungen nachzumachen. Voraussetzung für die Durchführung ist, dass die Kinder auch über die erforderlichen motorischen Fähigkeiten verfügen müssen. Daher wird dieses Verfahren meist erst ab einem Alter von 6 Monaten eingesetzt.

4.2 Forschungsdesigns

Um entwicklungspsychologische Veränderungen im Verhalten und Erleben bestimmen zu können, werden in der Entwicklungspsychologie unterschiedliche Forschungsdesigns verwendet, die sowohl Vor- als auch Nachteile mit sich bringen, die im Folgenden näher erläutert werden (für einen detaillierteren Überblick siehe Schmiedek und Lindenberger 2018).

4.2.1 Querschnittliche Designs

Das querschnittliche Untersuchungsdesign ist immer noch das am häufigsten verwendete Forschungsdesign in der Entwicklungspsychologie.

▶ **Definition** Bei einem **Querschnittdesign** werden zwei oder mehr Gruppen unterschiedlichen Alters zu nur einem Zeitpunkt in Bezug auf ein oder mehrere Merkmale untersucht.

Hier wird meist das Alter als unabhängige Variable definiert, um deren Zusammenhang mit interessierenden abhängigen Variablen (z. B. Intelligenz oder Gedächtnisleistung) zu bestimmen. Findet man Unterschiede zwischen den Altersgruppen in Bezug auf das untersuchte Merkmal, werden diese Unterschiede auf das Alter zwischen den Personengruppen zurückgeführt.

Die Gründe für die häufige Verwendung querschnittlicher Designs sind vor allem ökonomischer Natur. Sowohl der geringere Zeitaufwand für die Erhebung von Daten zu nur einem Messzeitpunkt als auch der geringere Kostenaufwand für die Durchführung sowie die höhere Motivation der Teilnehmer sind die zentralen Vorteile dieser Untersuchungsdesigns gegenüber anderen Designs. Demgegenüber stehen allerdings erhebliche Nachteile. Zunächst lässt sich mit dieser Methode eine zentrale Aufgabe der Entwicklungspsychologie nicht erfüllen, und zwar die Beschreibung und Erklärung intraindividueller Veränderungen, da Personen nur zu einem Zeitpunkt untersucht werden. Dazu kommt, dass in diesem Untersuchungsdesign Alters- und Kohorteneffekte miteinander konfundiert sind, d. h., sich diese nicht getrennt voneinander untersuchen lassen.

▶ **Definition** Mit **Kohorteneffekten** sind in der Entwicklungspsychologie Unterschiede zwischen Personen- oder Personengruppen gemeint, die darauf zurückzuführen sind, dass Personen zu einem bestimmten Zeitpunkt geboren worden sind und in dieser Phase vergleichbaren Umweltbedingungen ausgesetzt waren, die sich über verschiedene Generationen hinweg ändern können. Diese Einflüsse sind demnach spezifisch für eine Geburtskohorte.

Vergleicht man beispielsweise die Intelligenzleistungen von 40- und 20-Jährigen, so können Unterschiede nicht allein auf das Alter zurückgeführt werden, sondern auch auf Generationsunterschiede, die mit veränderten gesellschaftlichen Bedingungen wie einer besseren Schuldbildung einhergehen.

Ein weiterer Nachteil der Querschnittmethode ist die geringe Generalisierbarkeit, da Personen nur zu einem Zeitpunkt untersucht werden und sich die Personen oder Personengruppen nicht nur in Bezug auf ihr Alter, sondern möglicherweise auch bezüglich anderer Merkmale wie der Schulbildung oder dem sozioökonomischen Status unterscheiden können.

4.2.2 Längsschnittliche Designs

▶ **Definition** In einem **längsschnittlichen Untersuchungsdesign** werden eine oder mehrere Altersstichproben zu verschiedenen Messzeitpunkten mit denselben oder vergleichbaren Messinstrumenten untersucht.

In längsschnittlichen Designs wird vergleichbar mit querschnittlichen Designs das Alter als eine unabhängige Variable betrachtet und Unterschiede zwischen den Messzeitpunkten in Bezug auf ein oder mehrere Merkmale auf Altersunterschiede zurückgeführt. Zu den Vorteilen dieser Methode gehört zweifelsohne, dass eine der zentralen Aufgaben der Entwicklungspsychologie erfüllt werden kann:

die Analyse von Unterschieden in intraindividuellen Veränderungen über die Zeit. Demnach können Verlaufsformen von individuellen Merkmalen betrachtet und Aussagen über die Stabilität von Merkmalen gemacht werden. Zudem erlauben längsschnittliche Datensätze die Interpretation von Ursache-Wirkungs-Zusammenhängen. Beispielsweise kann man untersuchen, ob individuelle Unterschiede bei der Motivation oder Intelligenz zu einem Zeitpunkt 1 individuelle Unterschiede des Schulerfolges zum Zeitpunkt 2 besser vorhersagen.

Allerdings treten auch bei längsschnittlichen Untersuchungsdesigns Probleme auf, die die Interpretation der Ergebnisse beeinträchtigen können. Ein Problem betrifft den selektiven Stichprobenschwund bei der wiederholten Messung der gleichen Ausgangsstichprobe, d. h., üblicherweise gelingt es nicht, alle Teilnehmer einer Studie für die darauffolgenden Untersuchungszeitpunkte erneut zu gewinnen. Dies kann unterschiedliche Gründe haben, z. B. mangelnde Motivation oder Zeit sowie auch ein Umzug oder Krankheiten. Im hohen Alter erschweren die mortalitätsbedingte und experimentelle Selektivität (krankheitsbedingte Nichtteilnahme) die Schätzung der Altersunterschiede in Bezug auf das betrachtete Merkmal. Zudem ist die Repräsentativität der Strichprobe möglicherweise gleich zu Beginn eingeschränkt, da sich nur bestimmte Personen zur Teilnahme an einer aufwendigen Längsschnittstudie bereit erklären.

Ein weiteres Problem sind Testwiederholungseffekte (auch Retest-Effekte genannt). Werden die gleichen Merkmale zu späteren Zeitpunkten gemessen, können Veränderungen der Messergebnisse im Vergleich zu früheren Zeitpunkten auch auf Übungs-, Gewöhnungs- oder auch Sättigungseffekte (nachlassende Motivation) zurückzuführen sein und nicht auf das Alter. Um diese abzuschätzen, können Messungen in neuen Stichproben bei Probanden gleichen Alters erhoben werden, die zuvor noch nicht untersucht wurden.

Weitere Nachteile längsschnittlicher Untersuchungsdesigns betreffen die Konfundierung von Alters- und Messzeitpunkt sowie die eingeschränkte Generalisierbarkeit auf andere Geburtskohorten sowie die recht aufwendige und kostspielige Datengewinnung.

4.2.3 Kombinierte Designs

Da sowohl quer- als auch längsschnittliche Untersuchungsdesigns deutliche Einschränkungen der Interpretation von Altersveränderungen mit sich bringen, wurde eine Kombination aus quer- und längsschnittlichen Untersuchungsdesigns vorgeschlagen (Baltes 1968; Schaie 1965), die auch als Sequenzdesigns bezeichnet werden. Es werden einige der angesprochenen Probleme und Nachteile beider

Untersuchungsdesigns ausgeräumt (Abb. 4.2), wenn querschnittliche altersheterogene Strichproben gezogen und zu verschiedenen Zeitpunkten längsschnittlich weiter untersucht werden, ergänzt um neue Studienteilnehmer mit der gleichen Altersverteilung wie zum ersten Untersuchungszeitpunkt. Solche Untersuchungsdesigns sind in der entwicklungspsychologischen Forschung allerdings nur selten anzutreffen. Zu einer der bekanntesten Studien gehört die sog. „Seattle Longitudinal Study" (Schaie 2005).

4.3 Entwicklungspsychologische Methoden in der Praxis

Während der Fokus der entwicklungspsychologischen Forschung auf der Beschreibung, Erklärung und Prädiktion von Unterschieden in individuellen Entwicklungsverläufen liegt, sind zentrale Aufgaben von Entwicklungspsychologen in der Praxis die Entwicklungsdiagnostik sowie die Diagnose und Behandlung von Entwicklungsstörungen.

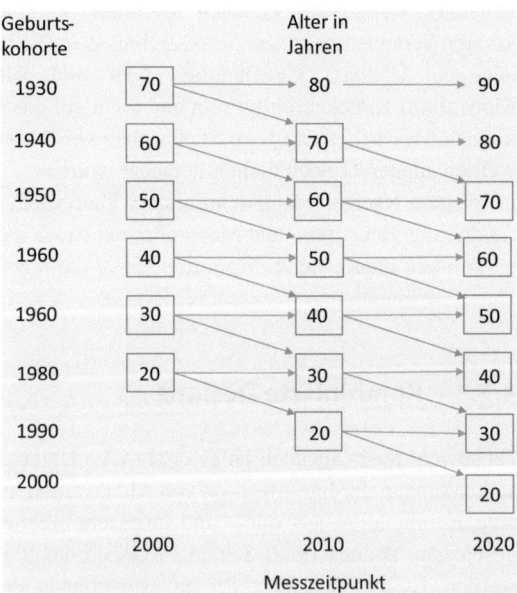

Abb. 4.2 Schematische Darstellung eines Sequenzdesigns mit dem Veränderungen im Altersbereich zwischen 20 und 70 Jahren über 3 Messzeitpunkte im Abstand von 10 Jahren erfasst werden. Kohorteneffekte können durch den Vergleich von querschnittlichen Sequenzen (graue Quadrate) zu jedem Messzeitpunkt bestimmt werden, da gleich alte Probanden aus unterschiedlichen Geburtskohorten (schräg abwärts führende Pfeile) verglichen werden können

In diesem Buch wird nur auf den Bereich der Entwicklungsdiagnostik eingegangen, bei der es um die Bestimmung des Entwicklungsstandes von Kindern geht, um basierend darauf ein Behandlungskonzept und eine zukünftige Entwicklungsprognose ermitteln zu können.

4.3.1 Allgemeine Entwicklungstests

In der kinderpsychologischen Diagnostik werden neben einer ausführlichen Anamnese des bisherigen Entwicklungsverlaufs und einer Befragung der Verhaltensbeobachtung durch die Eltern zur Bestimmung des Entwicklungsstandes allgemeine Entwicklungstests herangezogen. Allgemeine Entwicklungstests werden zumeist in einem Lebensalter von 1 Monat bis zu 3–6 Jahren angewendet. Bei älteren Kindern kommen differenziertere Verfahren zur Entwicklung der Intelligenz oder in speziellen Funktionsbereichen wie der Sprache und der Motorik zum Einsatz (Abschn. 4.3.2).

Die meisten in der Praxis üblichen standardisierten Verfahren beruhen dabei nicht auf einem theoretischen Modell oder Entwicklungskonzept, sondern die Testkonstruktion basiert auf Verhaltensbeobachtungen und Aufgabensammlungen, welche Aufgaben Kinder in einem bestimmten Alter üblicherweise lösen können (z. B. auf die Seite rollen oder einen Turm aus 8 Bauklötzen bauen).

Zu den in Deutschland gebräuchlichsten allgemeinen Entwicklungstests gehören die „Die Münchener Funktionelle Entwicklungsdiagnostik" für das 1.–3. Lebensjahr (Hellbrügge 1994, 2001), der „Entwicklungstest 6 Monate bis 6 Jahre" (Petermann et al. 2008), die „Griffiths Entwicklungsskalen" (Brandt und Sticker 2001) und der „Bayley II" (Reuner et al. 2008). Die Testverfahren unterscheiden sich bezüglich des untersuchbaren Altersbereichs als auch in der Anzahl der postulierten Funktionsbereiche, die getestet werden sollen. Dabei beruht sowohl die Anzahl der Funktionsbereiche als auch die Zuordnung der Aufgaben zu den Funktionsbereichen nicht auf faktorenanalytischen Kriterien, sondern zumeist auf Expertenurteilen. Der Entwicklungsstand wird dabei in vielen Verfahren in Form von Altersäquivalenten bestimmt, indem der erzielte Testrohwert des Säuglings oder Kleinkindes dem Lebensmonat einer Normstichprobe zugeordnet wird. Kann beispielsweise ein Kind Aufgaben nicht lösen, die bereits von 95 % der Gleichaltrigen gelöst werden können, deutet dies auf einen möglichen Entwicklungsrückstand hin. Eine detaillierte Beschreibung allgemeiner Entwicklungstests und deren Testgütekriterien findet sich bei Sarimski (2009).

4.3.2 Spezifische Entwicklungstests

Im höheren Lebensalter werden spezifische Entwicklungstests angewendet, die zumeist einzelne Funktionsbereiche erfassen. Dazu gehören Verfahren zur Bestimmung der Sprachentwicklung (z. B. der „Sprachentwicklungstest für drei- bis fünfjährige Kinder" von Grimm 2001 oder der „Kindersprachtest für das Vorschulalter" von Häuser et al. 1994), der motorischen Entwicklung (z. B. der „Körperkoordinationstest für Kinder" von Kiphard und Schilling 2007), der visuellen Wahrnehmung (z. B. „Frostigs Entwicklungstest zur visuellen Wahrnehmung – 2" von Büttner et al. 2008). Leistungen im Bereich des Gedächtnisses werden als Subskalen meist in anderen Verfahren miterfasst, vor allem bei der Diagnostik von Intelligenzleistungen (z. B. der „Hamburg Wechsler Intelligenztest für Kinder IV"; Petermann und Petermann 2007). Einen Überblick und weiterführende Literatur finden sich z. B. bei Irblich und Renner (2009) sowie Brähler et al. (2002).

Zusammenfassung
Die Entwicklungspsychologie hat ein reiches Repertoire an Forschungsmethoden entwickelt, mit denen Veränderungen im Verhalten und Erleben bereits im frühen Säuglingsalter erfasst werden können. Intraindividuelle Veränderungen lassen sich nur mit längsschnittlichen Designs oder Sequenzdesigns erfassen. Entwicklungsdiagnostische Verfahren geben Auskunft über den allgemeinen Entwicklungsstand oder den Entwicklungsstand in einem spezifischen Funktionsbereich eines Individuum im jeweiligen Altersvergleich.

Schlussbetrachtung
Die Entwicklungspsychologie beschäftigt sich mit Gemeinsamkeiten und Unterschieden in intraindividuellen Veränderungen über die Lebensspanne und hat dazu in der Vergangenheit unterschiedliche Konzeptionen und theoretische Erklärungen vorgelegt. Betrachtet werden dabei kontinuierliche und diskontinuierliche Entwicklungsverläufe, die gleichsam durch Erbanlage und Umweltveränderungen hervorgerufen werden können. Um entwicklungspsychologische Prozesse beobachten und bestimmen zu können, wurde in der Entwicklungspsychologie ein eigenes Methodenrepertoire entwickelt, mit dem bereits Säuglinge und Kleinkinder in unterschiedlichen Funktionsbereichen untersucht werden können, daneben allgemeine und spezifische diagnostische Verfahren, mit denen der Entwicklungsstand von Säuglingen und Kindern

erfasst werden kann. Darüber hinaus bringen verschiedene Forschungsdesigns unterschiedliche Vor- und Nachteile mit sich, deren Verwendung je nach Forschungsfrage und Ressourcen abgewogen werden muss. Durch den demografischen Wandel und die Weiterentwicklung moderner Technologien haben sich neue Teildisziplinen etabliert wie die Gerontologie und kognitiven Entwicklungsneurowissenschaften. Diese können einen wichtigen Beitrag zur Erweiterung des Grundlagenwissens in der Entwicklungspsychologie liefern, um individuelle Entwicklungsverläufe besser unterstützen zu können.

Literatur

Ahnert, L. (Hrsg.). (2013). *Theorien in der Entwicklungspsychologie.* Berlin: Springer VS.
Baltes, P. B. (1968). Longitudinal and cross-sectional sequences in the study of age and generation effects. *Human Development, 11,* 145–171.
Baltes, P. B. (1987). Theoretical propositions of life-span developmental psychology: On the dynamics between growth and decline. *Developmental Psychology, 23,* 611–626.
Baltes, P. B. (1990). Entwicklungspsychologie der Lebensspanne: Theoretische Leitsätze. *Psychologische Rundschau, 41,* 1–24.
Baltes, P. B., & Baltes, M. M. (1990). Psychological perspectives on successful aging: The model of selective optimization with compensation. *Successful aging: Perspectives from the behavioral sciences, 1,* 1–34.
Baltes, P. B., Lindenberger, U., & Staudinger, U. M. (2006). Life span theory in developmental psychology. In W. Damon & R. M. Lerner (Hrsg.), *Handbook of child psychology: Theoretical models of human development* (Bd. 1, S. 569–664). New York: Wiley.
Bandura, A. (1965). Influence of models' reinforcement contingencies on the acquisition of imitative responses. *Journal of Personality and Social Psychology, 1,* 589–595.
Bandura, A. (1986). *Social foundations of thought and action: A social cognitive theory.* Englewood Cliffs, NJ: Prentice-Hall.
Bandura, A., & Jeffrey, R. W. (1973). Role of symbolic coding and rehearsal processes in observational learning. *Journal of Personality and Social Psychology, 26,* 122–130.
Bandura, A., Ross, D., & Ross, S. A. (1963a). A comparative test of the status envy, social power, and secondary reinforcement theories of identificatory learning. *The Journal of Abnormal and Social Psychology, 67,* 527–534.
Bandura, A., Ross, D., & Ross, S. A. (1963b). Imitation of film-mediated aggressive models. *The Journal of Abnormal and Social Psychology, 66,* 3–11.
Bandura, A., Ross, D., & Ross, S. A. (1963c). Vicarious reinforcement and imitative learning. *The Journal of Abnormal and Social Psychology, 67,* 601–607.
Binet, A., & Simon, T. (1916). *The development of intelligence in children: The Binet-Simon Scale (No. 11).* Baltimore: Williams & Wilkins.
Brähler, E., Holling, H., Leutner, D., & Petermann, F. (2002). *Brickenkamp Handbuch psychologischer und pädagogischer Tests.* Göttingen: Hogrefe.
Brandt, I., & Sticker, E. (2001). *GES: Griffiths Entwicklungsskalen zur Beurteilung der Entwicklung in den ersten beiden Lebensjahren.* Göttingen: Beltz.

Bühler, C., & Hetzer, H. (1932). *Kleinkindertests: Entwicklungstests vom 1. bis 6. Lebensjahr*. Leipzig: Barth.
Bühring, G. (2011). Charlotte Bühler: Der menschliche Lebenslauf als psychologisches Problem. In S. Volkmann-Raue & H. Lück (Hrsg.), *Bedeutende Psychologinnen des 20. Jahrhunderts* (S. 153–164). Wiesbaden: Springer.
Büttner, G., Dacheneder, W., Schneider, W., & Weyer, K. (2008). *FEW-II: Frostigs Entwicklungstest der visuellen Wahrnehmung-2*. Göttingen: Hogrefe.
Clark, R. E. (2004). The classical origins of Pavlov's conditioning. *Integrative Physiological & Behavioral Science, 39,* 279–294.
Dennis, W., & Dennis, M. G. (1940). The effect of cradling practices upon the onset of walking in Hopi children. *The Journal of Genetic Psychology, 56,* 77–86.
Elsner, B., Pauen, S., & Jeschonek, S. (2006). Physiological and behavioral parameters of infants' categorization: Changes in heart rate and duration of examining across trials. *Developmental Science, 9,* 551–556.
Erikson, E. H. (1959/2008). *Identität und Lebenszyklus. Drei Aufsätze.* Suhrkamp: Frankfurt a. M.
Ferdinand, N. K., & Kray, J. (2014). Developmental changes in performance monitoring: How electrophysiological data can enhance our understanding of error and feedback processing in childhood and adolescence. *Behavioural Brain Research, 263,* 122–132.
Gutchess, A. H., & Huff, S. (2016). Cross-cultural differences in memory. In J. Y. Chiao, S.-C. Li, R. Seliman, & R. Turner (Hrsg.), *The Oxford Handbook of cultural Neuroscience* (S. 155–169). Oxford: Oxford University Press.
Gutchess, A. H., Welsh, R. C., Boduroglu, A., & Park, D. C. (2006). Cultural differences in neural function associated with object processing. *Cognitive Affective & Behavioral Neuroscience, 6,* 102–109.
Grimm, H. (2001). *Sprachentwicklungstest für drei-bis fünfjährige Kinder: SETK 3-5; Diagnose von Sprachverarbeitungsfähigkeiten und auditiven Gedächtnisleistungen*. Göttingen: Hogrefe.
Hall, G. S. (1916). *Adolescence: It's psychology and relations to physiology, anthropology, sociology, sex, crime, religion and education* (Bd. 2). New York: D. Appleton.
Häuser, D., Kasielke, E., & Scheidereiter, U. (1994). *Kindersprachtest für das Vorschulalter: KISTE*. Weinheim: Beltz.
Hedden, T., Park, D. C., Nisbett, R., Ji, L.-J., Jing, Q., & Jiao, S. (2002). Cultural variation in verbal versus spatial neuropsychological function across the life span. *Neuropsychology, 16,* 65–73.
Hellbrügge, T. (1994). *Münchener funktionelle Entwicklungsdiagnostik: MFED*. Göttingen: Hogrefe.
Hellbrügge, T. (2001). *Münchner Funktionelle Entwicklungsdiagnostik. Erstes Lebensjahr* (6. Aufl.). Lübeck: Hansisches Verlagskontor.
Hood, B., Carey, S., & Prasada, S. (2000). Predicting the outcomes of physical events: Two-Year-Olds fail to reveal knowledge of solidity and support. *Child Development, 71,* 1540–1554.
Ittel, A., Raufelder, D., & Scheithauer, H. (2014). Soziale Lerntheorien. In L. Ahnert (Hrsg.), *Theorien in der Entwicklungspsychologie* (S. 330–353). Berlin: Springer VS.
Irblich, D., & Renner, G. (Hrsg.). (2009). *Diagnostik in der klinischen Kinderpsychologie: die ersten sieben Lebensjahre*. Göttingen: Hogrefe.

Kail, R. (2000). Speed of information processing: Developmental change and links to intelligence. *Journal of School Psychology, 38,* 51–61.

Kavšek, M. (2004). Predicting later IQ from infant visual habituation and dishabituation: A meta-analysis. *Journal of Applied Developmental Psychology, 25,* 369–393.

Kiphard, E. J., & Schilling, F. (2007). *Körperkoordinationstest für Kinder: KTK.* Göttingen: Beltz.

Martin, M., & Kliegel, M. (2014). *Psychologische Grundlagen der Gerontologie.* Stuttgart: Kohlhammer.

Masuda, T., & Nisbett, R. E. (2001). Attending holistically versus analytically: Comparing the context sensitivity of Japanese and Americans. *Journal of Personality and Social Psychology, 81,* 922–934.

McClearn, G. E., Johansson, B., Berg, S., Pedersen, N. L., Ahern, F., Petrill, S. A., et al. (1997). Substantial genetic influence on cognitive abilities in twins 80 or more years old. *Science, 276,* 1560–1563.

Montada, L., Lindenberger, U., & Schneider, W. (2002). Fragen, Konzepte, Perspektiven. In W. Schneider & U. Lindenberger (Hrsg.), *Entwicklungspsychologie* (7. Aufl., S. 27–60). Weinheim: Beltz.

Nordt, M., Hoehl, S., & Weigelt, S. (2016). The use of repetition suppression paradigms in developmental cognitive neuroscience. *Cortex, 80,* 61–75.

Oswald, W. D. (2008). Gerontopsychologie – Gegenstand, Perspektiven und Probleme. In W. D. Oswald, G. Gatterer, & U. M. Fleischmann (Hrsg.), *Gerontopsychologie* (2. Aufl., S. 1–12). Wien: Springer.

Park, D., & Gutchess, A. (2006). The cognitive neuroscience of aging and culture. *Current Directions in Psychological Science, 15,* 105–108.

Piaget, J. (1969). *Das Erwachen der Intelligenz beim Kinde.* Stuttgart: Klett.

Petermann, F., & Petermann, U. (Hrsg.). (2007). *Hamburg Wechsler Intelligenztest für Kinder – IV. Übersetzung und Adaptation der WISC-IV von David Wechsler.* Bern: Huber.

Petermann, F., Stein, I. A., & Macha, T. (2008). *Entwicklungstest sechs Monate bis sechs Jahre (ET 6-6)* (3. Aufl.). Frankfurt a. M.: Pearson Assessment.

Plomin, R., DeFries, J. C., & Loehlin, J. C. (1977). Genotype-environment interaction and correlation in the analysis of human behavior. *Psychological Bulletin, 84,* 309–322.

Reuner, G., Rosenkranz, J., Pietz, J., & Horn, R. (Hrsg.). (2008). *Bayley II. Bayley Scales of Infant Development, Second Edition. Deutsche Fassung.* Frankfurt a. M.: Pearson Assessment.

Röder, B. (2012). Funktionsanpassung im visuellen System nach peripherer Schädigung. In H.-O. Karnath & H.-P. Thier (Hrsg.), *Kognitive Neurowissenschaften* (S. 751–757). Berlin: Springer.

Röder, B., & Rösler, F. (2016). Ein Blick in Gehirn und Geist. In W. Buchmüller & C. Jakobeit (Hrsg.), *Erkenntnis, Wissenschaft und Gesellschaft* (S. 85–100). Berlin: Springer.

Rovee, C. K., & Rovee, D. T. (1969). Conjugate reinforcement of infant exploratory behavior. *Journal of Experimental Child Psychology, 8,* 33–39.

Salthouse, T. A. (1996). The processing-speed theory of adult age differences in cognition. *Psychological Review, 103,* 403–428.

Sarimski, K. (2009). Entwicklungsdiagnostik. In G. Irblich & G. Renner (Hrsg.), *Diagnostik in der klinischen Kinderpsychologie. Die ersten sieben Lebensjahre* (S. 123–135). Göttingen: Hogrefe.

Scarr, S., & Weinberg, R. A. (1983). The Minnesota adoption studies: Genetic differences and malleability. *Child Development, 54,* 260–267.

Schaie, K. W. (1965). A general model for the study of developmental problems. *Psychological Bulletin, 64,* 92–107.

Schaie, K. W. (2005). *Developmental influences on adult intelligence: The Seattle longitudinal study.* Oxford: Oxford University Press.

Schmidt-Atzert, L., & Amelang, M. (2012). *Psychologische Diagnostik* (5. Aufl.). Berlin: Springer.

Schneider, W., & Lindenberger, U. (Hrsg.). (2018). *Entwicklungspsychologie* (8. Aufl.). Weinheim: Beltz.

Schönebeck, M., & Elsner, B. (2017). ERPs reveal perceptual and conceptual processing in 14-month-olds' observation of complete and incomplete action end-states. *Neuropsychologia.* https://doi.org/10.1016/j.neuropsychologia.2017.10.026.

Siegler, R., Eisenberg, N., DeLoache, J., & Saffran, J. (2016). *Entwicklungspsychologie im Kindes-und Jugendalter.* Berlin: Springer.

Statistisches Bundesamt – Destatis. (2015). Bevölkerungsvorausberechnung. https://www.destatis.de/DE/ZahlenFakten/GesellschaftStaat/Bevoelkerung/Bevoelkerungsvorausberechnung/Bevoelkerungsvorausberechnung.html. Zugegriffen: 23. Mai 2018.

Thorndike, E. L. (1927). The law of effect. *The American Journal of Psychology, 39,* 212–222.

Watson, J. B. (1913). Psychology as the behaviorist views it. *Psychological Review, 20,* 158–177.

Watson, J. B. (1930). *Behaviorism.* New York: University of Chicago Press.

MIX
Papier aus verantwortungsvollen Quellen
Paper from responsible sources
FSC® C105338

If you have any concerns about our products,
you can contact us on
ProductSafety@springernature.com

In case Publisher is established outside the EU,
the EU authorized representative is:
Springer Nature Customer Service Center GmbH
Europaplatz 3, 69115 Heidelberg, Germany

Printed by Libri Plureos GmbH
in Hamburg, Germany